とっておきの本格レシピが
誰でも作れる

テリーヌ＆パテ

Terrines et Pâtés

新装版

ナガタ ユイ

河出書房新社

はじめに

学生時代にアルバイトをし、そのまま就職したのがハムの会社でした。そこでさまざまな食肉加工品に触れ、伝統的なハムやソーセージについて学ぶ中で、一番興味をひかれたのが、フランスのシャルキュトリ(charcuterie・食肉加工品)の世界でした。

これらを扱う店も「シャルキュトリ」と呼ばれますが、パリの店で、色とりどりのテリーヌやパテが並んだところを初めて見たときは「なんて素敵な料理なんだろう!」と目を輝かせたものです。

フランスの食文化に魅せられ、フランス料理を学んできました。その中で一番作るのが楽しくて充実感を得たのがテリーヌでした。

本書でご紹介するのは、私自身が作るのも食べるのも大好きなものばかりです。繰り返し作る中で、簡略化したものもあれば、手をかけることで好みの味に変化してきたものもあります。

テリーヌはとても挑戦しがいがある料理です。ひとつ作ろうと思ったら、手間もかかります。

だからこそ、わかりやすいレシピを心がけました。

また、ふと思いついた方法で作り始めたリエットは、簡単なのに食通の友人たちからも好評で、気軽に多くの方に作ってもらえたらと思っていました。

ご家庭ではもちろん、小さなカフェやバール、ベーカリーレストランの方にもこの本を手に取っていただき、メニュー作りの参考にしていただければと願っています。

作り続けていくうちに、きっとご家庭やお店のスペシャリテ、自慢のメニューになることでしょう。

テリーヌとパテ、リエット、それらにワインとパンを合わせれば、シンプルだけどとびきりステキな食卓が完成します。この本がきっかけとなって、好みのおいしさへとどんどん進化させていただけたら、これ以上嬉しいことはありません。

2014年12月

ナガタユイ

とっておきの本格レシピが誰でも作れる

新装版 **テリーヌ＆パテ**

はじめに……2

Prologue
テリーヌ・パテ・リエットとは?

種類について……8

本書の使い方……10

第1章
肉のテリーヌ

テリーヌ・ド・カンパーニュ……12

鶏のプレッセ……18

鴨とフォアグラのテリーヌ……22

鶏レバーと甘栗とドライフルーツのテリーヌ……23

フォアグラとプルーンといちじくのテリーヌ……26

ジャンボン・ペルシェ……30

テリーヌ型と重しについて……32

第2章
魚介類のテリーヌ

帆立と枝豆のテリーヌ……34

サーモンとアスパラガスのテリーヌ……38

スモークサーモンと白菜とクリームチーズのテリーヌ……40

さんまと焼きなすのテリーヌ……42

本書でよく使う野菜、ハーブ、スパイス類……46

第3章
野菜のテリーヌ

12種類の野菜のテリーヌ……48

チキンブイヨン……50

春のテリーヌ　ホワイトアスパラガスと春キャベツと卵のテリーヌ……54

夏のテリーヌ　プチトマトとモッツァレラのカプレーゼ風テリーヌ……55

秋のテリーヌ　キノコと鶏のテリーヌ……58

冬のテリーヌ　シューファルシ風テリーヌ……59

白ネギと鶏ささみ肉のテリーヌ……62

ジャガイモとベーコンのテリーヌ……66

野菜オムレツのテリーヌ……68

ケーク・サレのテリーヌ……70

　　　保存食としてのテリーヌ……72

第4章 ────────────────────────────
リエットとパテ

豚肉のリエット……74

豚の角煮風リエット……78

鴨のリエット……79

鶏レバーのパテ……82

シャルキュトリと鶏肉のパテとリエット……86
　　　スモークハムのパテ
　　　鶏のリエット
　　　生ハムのパテ

魚のパテとリエット……88
　　　スモークサーモンのパテ
　　　ツナのブランダード
　　　サバのリエット

野菜のパテとリエット……90
　　　赤パプリカのムース
　　　アボカドのパテ
　　　なすのキャビア
　　　キノコと栗のパテ

　　　テリーヌ作りに欠かせない道具たち……92

第5章
デザートのテリーヌとパテ

ぶどうとシャンパンのテリーヌ……94

春のフルーツ　いちごと赤ワインのテリーヌ……98

夏のフルーツ　白桃とネクタリンとプルーンのテリーヌ……99

秋のフルーツ　栗のテリーヌ……102

冬のフルーツ　りんごのテリーヌ　タルトタタン風……103

テリーヌ・オ・ショコラ……106

ショコラとフランボワーズのムース……108

ドライいちじくとドライプルーンのテリーヌ……109

朝食のテリーヌとパテ……112
　　クレメ・ダンジュ風パテとミックスベリーのはちみつマリネ
　　マスカルポーネとあんずジャムのパテ
　　ヨーグルトムースとグラノーラのテリーヌ

おやつのテリーヌとパテ……114
　　生チョコとくるみのパテ
　　パン・ペルデュ
　　ホワイトチョコ風味のレーズンバター

食後酒に合うテリーヌとパテ……116
　　セルヴェル・ド・カニュ
　　はちみつロックフォールバター
　　チーズとドライフルーツのテリーヌ

　　　テリーヌ作りのポイント……118

第6章
テリーヌとパテに合うソースとマリネ

テリーヌとパテに合うソース……120

テリーヌに合うグリーンサラダ……122

野菜のマリネ……123

テリーヌとパテに合うパン / 残ったテリーヌはサンドイッチに……126

Prologue

テリーヌ・パテ・リエットとは？

Terrines, pâtés, rillettes – Quelle différence?

種類について

シャルキュトリ　　charcuterie

フランス語で「肉」を指す"chair"と「火を通した」の意味の"cuite"を合わせた言葉の組み合わせが語源で、豚肉や鶏肉等から作ったハム、ソーセージ、テリーヌ、リエット、パテ等の食肉加工品の総称。これらを販売する店も同様にシャルキュトリと呼ばれ、様々なタイプのテリーヌやリエット、パテ類に加えて、サラダや惣菜類等も売られるテイクアウト専門店です。また、製品の作り手はシャルキュティエと呼ばれます。

フランスで本場のテリーヌを食べたければ、まずはシャルキュトリを覗いてみましょう。種類が豊富で、リーズナブルなものから高級品まで幅広い品揃えに驚くはずです。好みのサイズに切ってくれるので、気軽にいろいろな種類を試すことができます。

テリーヌ　　terrines

もともとは陶器製の深い蓋付き耐熱容器のことで、長方形、楕円形、または円形のものがあります。その後、この容器で作られた料理自体もテリーヌと呼ばれるようになりました。現在ではテリーヌ型に肉や魚、野菜等を細かくしたものや、ムース状にしたものを詰め、蓋をしてオーブンで火を通したものを指します。

本来は素朴な肉料理が主体でしたが、現在では野菜や果物をゼラチンで固めたもの、野菜や肉類をプレスして仕上げたもの等、高級レストランのスペシャリテとしても発展し、多種多様な材料を使った、たくさんの製法のテリーヌが生み出されています。

パテ　　　　　　　　　pâtés

もともとは加熱して作る豚肉や豚肉の内臓類の加工品の
ことで、フランスでは地方ごとにたくさんの種類があります。
語源の由来はパイ生地です。本来は、細かくした肉や野
菜類を、旨味が逃げ出さないようにパイ生地で包んでオー
ブンで焼いた料理を指していました。パイ生地に包んで
焼いたものがパテ、そうでないものがテリーヌと区別されて
きましたが、現在はテリーヌとパテの定義はあいまいになっ
ています。
生地で包まれたものは、正式には「パテ・アン・クルート」
(pâtés en croûte)と呼ばれ、「パテ・ア・トランシェ」
(pâtés à trancher)はテリーヌを指します。クリーム、
ムースのような塗るタイプのものもパテの一種で「パテ・
ア・タルティネ」(pâtés à tartiner)と呼ばれます。
「パテ・ア・トランシェ」の中で、もっとも代表的なのが「パテ・
ド・カンパーニュ」(pâtés de campagne)です。本書で
は、テリーヌとパテを区別するため、テリーヌ型に入ったもの
はテリーヌ、塗るタイプのパテ・ア・タルティネをパテと呼んで
います。

リエット　　　　　　　　rillettes

古フランス語で「豚肉の塊」を指す"rille"に接尾語の
"ette"を付けたものが語源で、豚肉や鶏肉等をじっくりと
煮て、繊維をほぐしてから脂と混ぜ合わせたものです。現
在は、鮭やサバ等、魚を使ったリエットもポピュラーになっ
ています。
本来は時間をかけて繊維がほぐれるまで煮込みますが、
本書ではご家庭にある圧力鍋で手軽に作れる方法をご
紹介します。もちろん時間をかけて、コトコト煮込んでも作
れます。

本書の使い方

この本に記載している材料や作り方の基本的な表記ルールとなるものです。
調理をする際の目安にしてください。

- 本書で紹介している分量は、ハーフテリーヌ型1本分（容量約0.7L）、またはハーフテリーヌ型2本分（＝テリーヌ型1本分。容量約1.4〜1.5L）を基本としています。
- 料理によってはガラス製の保存容器を使うこともあり、200mlの保存容器1個分か、350mlの保存容器1個分で、作りやすい分量を記載しています。
- 料理によっては300mlの耐熱皿やスリムパウンド型（約0.5L）を使っているものもあります。
- 上記のいずれの型を選ぶかは、作りやすい分量と食べやすい形状を優先させましたので、作る人数分や盛り付け方によって調整してください。
- レシピに出てくる分量は、大さじ1＝15ml、小さじ1＝5mlです。いずれもすりきりで計量してください。
- 調理時間はおおよその目安です。お手持ちの調理器の特性に合わせて、調整してください。
- 使用している塩はすべて粗塩（海塩）です。精製された食塩を使用する場合は1〜2割程度量を減らし、味をみながら調整してください。
- EXVオリーブオイルはエクストラヴァージンオリーブオイルの略です。
- 板ゼラチンはボウルに入るサイズにはさみで切り、たっぷりの氷水に漬けて芯がなくなり柔らかくなるまで戻してから使います。
- 生クリームは、すべて乳脂肪分35％前後のものを使用しています。
- バターは、すべて食塩不使用のものを使用しています。テリーヌ型に塗るバターは分量には含めていません。
- 蒸し焼き及び焼きタイプのテリーヌでオーブンペーパーを使う場合は、テリーヌ型の短辺の内側にバター（食塩不使用、分量外）を塗り、型の長辺の側面と底面を覆うようにオーブンペーパーを敷き込みます。型全体に敷き込むより簡単に準備できます。型から外す際は、短辺の側面の内側2ヶ所にパレットナイフを差し込み、端の部分をはがしてからペーパーを持ち上げて取り出します。
- 本書のテリーヌ、リエット、パテを作る際は、初めに【作り方】の手順を確認してから作業を進めてください。メニューによっては、写真入りで詳しく【ポイント】を解説しているページがあります。【ポイント】は手順の一部の解説なので、必ず【作り方】と合わせて確認しながら作ってください。

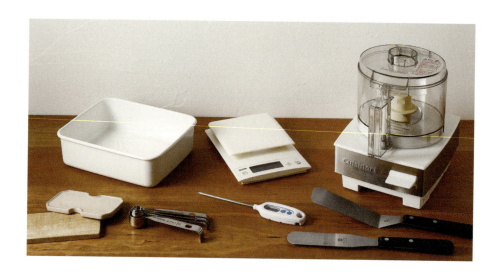

第 1 章
肉のテリーヌ
TERRINES DE VIANDE

テリーヌ・ド・カンパーニュ

Terrine de campagne

テリーヌと言えば、誰もが真っ先に思い浮かべる代表
的なメニューのひとつ。テリーヌの作り方の基本を覚え
るのにふさわしい一品です。

テリーヌ・ド・カンパーニュ

材料
（ハーフテリーヌ型2本分）

鶏レバー	400g
豚ノド肉(豚トロ)	500g
肩ロース肉	500g
豚背脂	100g
A ┌ 塩	20g
├ キャトル エピス(P.46参照)	2g (小さじ1弱)
├ ブラックペッパー(粗挽)	2g (小さじ1弱)
├ カイエンペッパー	0.5g (小さじ1/2弱)
└ ホワイトペッパー	1g (小さじ1/2弱)
玉ねぎ	150g
ニンニク	20g(2片)
サラダ油	大さじ1
コニャック(もしくは白ワイン)	大さじ2
ポートワイン(ルビー)	大さじ2
卵	2個
ピスタチオ(ロースト)	30g
ローリエ	4〜6枚
タイム(フレッシュ)	2枝
網脂	適量

ポイント

leçon 1 鶏レバーは血抜きを丁寧に

ⓐ レバーは新鮮なものを選ぶ。臭みのもととなる血管や血の塊を包丁や手で取り除き、冷水で洗い流す。

ⓑ 氷水で15分ほど血抜きをして水分を切っておく。

leçon 2 豚肉は手切りでしっかりとした食感に

ⓒ テリーヌ・ド・カンパーニュはしっかりとした食感が残るよう、肉はあえて手切りにするのがポイント。ミンサーがあれば、一番大きなプレートで挽いてもよい。

ⓓ 豚肉と豚背脂はすべて7mm角に切る。

ⓔ 混ぜ合わせておいた材料Aの調味料とコニャックを加える。

ⓕ よく混ぜて、全体に調味料がなじむようにして、落としラップ（肉にくっつけるようにラップをかぶせる）をし、冷蔵庫に入れる。肉類はそのまま1晩から丸1日おくと味がよくなじむ。時間がない場合は3時間程度でも。

leçon 3 網脂は冷水で洗って広げる

ⓖ 網脂は冷凍されているものが多いため、冷水に漬けてよく洗ってから、破らないように丁寧に広げる。

ⓗ しっかりと水分を拭き取ってから使うこと。

leçon 4 食材の冷却までが下ごしらえ

ⓘ 肉の旨味を引き立てる香味野菜は、じっくりと炒めて香りを出す。

ⓙ 炒めた玉ねぎとニンニクはバットに入れ、氷水を当てて冷やす。肉と合わせる前にしっかりと冷却することが大切。

leçon 5 タネ作りは食感のイメージを大切に

ⓚ 肉はフードプロセッサーの容量に合わせて、数回に分けてかける。半量は粘りが出る程度まで回し、残りの半量は、軽く全体がなじむ程度で止める。手切りの食感を生かすため挽き過ぎないよう注意する。

ⓛ ボウルを重ねて、下のボウルには氷水を張る。作業中に肉の温度を上げないよう、冷やしながらの作業が基本。

ⓜ 粘り気がでるまで、よく混ぜる。

網脂の役割と使い方

豚や牛の内臓の周りについているレース状の脂で、フランス語ではクレピーヌ(crépine)と呼ばれています。脂肪の少ない肉を包んで焼くと、ほどよく脂の旨味が乗ってジューシーに仕上げてくれる優れもの。テリーヌ作りでは、しっかりと肉の旨味を閉じ込めて焼き過ぎを防ぐと同時に、切るときも崩れにくくきれいに仕上がる効果があります。

近所のスーパーで見かけないようであれば、お肉屋さんで注文しておくか、ネット通販でも手に入ります。

解凍後、冷水にさらしてよく洗い、破れないように広げます。ペーパータオルで表面を押さえて、水分をしっかり取って使いましょう。

網脂は重なっている部分が多いとくどくなるので、余分な所ははさみで切って、なるべく重なり部分を少なくするのが上手な使い方のポイントです。焼いている間に脂が出てくるので、型に脂を塗ったりオーブンペーパーを敷き込まなくてもきれいに外れます。

テリーヌ作りで残った網脂は、型に入り切らなかったテリーヌのタネやハンバーグのタネ、鶏むね肉、白身の魚、帆立等を包むのに使ってみてください。フライパンでそのまま焼き上げるだけで、いつもよりジューシーに仕上がります。

leçon 6　型詰めは空気を抜いてしっかりと

ⓝ テリーヌ型に網脂を敷き込み、テリーヌのタネを詰める。網脂が手に入らない場合は、型の短辺の内側にバターを塗ってから型の長辺の側面と底面が覆われるようにオーブンペーパーを敷く。

ⓞ 網脂は何重にも重ねると、味わいがくどくなり過ぎるので、型の大きさに合わせて切って使う。

ⓟ ローリエとタイムを乗せて焼く。

leçon 7　しっとり仕上げるコツは湯煎焼き

ⓠ テリーヌ型よりも一回り大きなバットに入れる。オーブンの庫内に入れてから型の高さの6割程度まで湯を注いで焼く。

ⓡ オーブンによって焼き上がりが違うので、加熱時間は目安にする。中心部が70℃まで上がっているか、しっかりと確認する。

leçon 8　重しで締めて仕上げる

ⓢ 焼き上がったテリーヌには、同じ位の重さの重しを乗せる。重しをすることで肉がほどよく締まり、食感よく仕上がる。

テリーヌ・ド・カンパーニュ

作り方

❶ 鶏レバーは余分な脂や筋があれば取り、半分に切る。内側に血の塊や血管があれば包丁や手で取り除き、冷水で洗い流す。氷水に15分程度漬けて、血抜きをする（P.14 ⓐⓑ参照）。

❷ ①をザルに上げて、軽く塩（分量外）をして10分ほどおき、ペーパータオルで水分をよく拭き取る。2cm角に切ったらボウルに入れ、ポートワインをふりかけて冷蔵庫で冷やしておく。

❸ 豚肉と豚背脂は7mm角に切り（P.14 ⓒⓓ参照）、コニャックとＡを合わせて冷蔵庫に3時間から1晩ほど入れておく（P.14 ⓔⓕ参照）。

❹ オーブンを160℃に予熱しておく。網脂は冷水で洗い、破らないように広げて、ペーパータオルで余分な水分を押さえておく（P.14 ⓖⓗ参照）。

❺ 玉ねぎとニンニクをみじん切りにする。フライパンにサラダ油を入れ、ニンニクの香りが出るまで炒める。次に玉ねぎを加えて軽く塩とホワイトペッパー（ともに分量外）をして、しんなりするまで炒める（P.15 ⓘ参照）。

❻ ⑤をバットに上げ、氷水に当ててしっかり冷ます（P.15 ⓙ参照）。

❼ ③をフードプロセッサーの容量に合わせて数回に分けてかける。半量はなめらかになるまで挽き、半量は粗挽き感が残るようにする。挽き加減は、好みによって変えていく。

❽ ②をフードプロセッサーに軽くかけ、ボウルに入れて⑦と合わせる（P.15 ⓚ参照）。

❾ ⑧に卵を割り入れる。テリーヌのタネが入ったボウルを一回り大きいボウルに入れた氷水に当てて、よく冷やしながら粘りが出るまで混ぜ合わせ、最後にピスタチオを合わせる（P.15 ⓛⓜ参照）。スプーン1杯程度のタネをフライパンで焼いて味を確かめる。塩分が足りないようなら、ここで調整。

❿ テリーヌ型に網脂を敷く。⑨のタネを少量ずつ、型に叩き付けるように、空気を抜きながら詰めていく。テリーヌ型1台に800gのタネが目安。最後にもう一度よくタネを押し付け、網脂で包み込み、表面にローリエ、タイムを乗せる（P.16 ⓝ〜ⓟ参照）。

⓫ テリーヌ型を湯煎用のバットに入れて、湯をたっぷりと注いで、160℃のオーブンで75分湯煎焼する。最初の45分は蓋をして焼き、その後は蓋を外す（P.16 ⓠ参照）。

⓬ 焼き上がりはテリーヌの中心温度を計って確認する。70℃に達していなければ、さらに加熱をする。温度計がない場合は、テリーヌに金串を刺し、中心部分で5秒ほどおいてから引き抜く。金串を唇に当てて熱さを感じ、穴からでてきた肉汁が透き通っていればOK（P.16 ⓡ参照）。

⓭ オーブンから取り出し、重しを乗せて、氷水を張ったバットに入れて粗熱を取る。粗熱が取れたら重しをしたまま冷蔵庫で1晩冷やす（P.16 ⓢ参照）。

※冷蔵庫で3〜4日熟成させると、味がなじんでおいしくいただけます。

※ディジョンマスタード、コルニッションがよく合います。

17

鶏のプレッセ
pressé de poulet en terrine

身近な素材で気軽に作れます。プレッセとは、材料を押し固めて作るテリーヌの製法のことです。パセリやバジル等を使っても、おいしくいただけます。

鶏のプレッセ

材料
（ハーフテリーヌ型1本分）

鶏もも肉	2枚(500g)
鶏ささみ肉	3本(160g)
手羽先	3本(正味120g)
(※P.50〜51のチキンブイヨンを取った後の手羽先の肉と皮を使っても)	
A ┌ 卵白	1個分
│ 白ワイン	大さじ1
│ エルブ・ド・プロヴァンス	小さじ1/4
└ 塩	2.4g(小さじ1/2)
│ ホワイトペッパー	0.2g
└ 生クリーム	大さじ2
塩	4.8g(小さじ1)
ホワイトペッパー	0.3g(小さじ1/8)
ローリエ	1枚
タイム(フレッシュ)	1枝
ローズマリー(フレッシュ)	1枝

ポイント

leçon 1 鶏もも肉は皮も活用して

ⓐ 身と皮の間に指を入れて、皮が破れないようにゆっくりと引きはがす。

ⓑ 鶏もも肉の皮には適度な脂肪がついているので、網脂代わりに使う。凹凸のある表面とオーブンペーパーを合わせる。

leçon 2 鶏ささみ肉は筋取りでより柔らかに

ⓒ 鶏ささみ肉の筋は、包丁を使って丁寧に取り除く。

ⓓ 肉たたきで、厚みが均一になるように叩いておく。

leçon 3 手羽先のコラーゲンを活用

ⓔ 手羽先の下ごしらえには、はさみを使うと簡単。

ⓕ 最初に手羽先の身と皮を挽き、卵白、白ワイン、エルブ・ド・プロヴァンス、塩、ホワイトペッパーを加える。最後に生クリームを入れて、なめらかになるように混ぜ合わせる。

leçon 4 皮で包めばジューシーな仕上りに

ⓖ 鶏もも肉、鶏ささみ肉、もも肉の順番で入れていく。鶏ささみ肉の前後に、それぞれⓕを半量ずつ詰めることで異なる肉を結着させる。

ⓗ 皮でしっかりと巻き、ローリエ、タイム、ローズマリーを上に乗せて湯煎焼きする。

鶏のプレッセ

作り方

❶ オーブンを160℃に予熱しておく。鶏もも肉は皮が破れないように、身と皮の間に指を入れてはがすように分ける(P.20ⓐ参照)。

❷ 鶏ささみ肉は太い筋を取り、肉たたきで叩いて平らにする(P.20ⓒⓓ参照)。

❸ ①の身の部分は半分に切って、厚みが均一になるように肉たたきで叩き、②と合わせて塩とホワイトペッパーを半量ずつ両面にまぶしてなじませる(肉たたきがない場合は、麺棒等で代用してもよい)。

❹ 後で敷き込めるように、テリーヌ型の幅に合わせてオーブンペーパーを長めに切り、①の皮を上に乗せておく(P.20ⓑ参照)。皮が長い場合は重ねて、テリーヌ型の長辺の側面と底面が覆われるようにペーパーごと敷き込む。ペーパーが敷かれていない短辺側の側面にはバター(分量外)を塗る。

❺ 手羽先の身と皮を骨から外し、120g分を計量してフードプロセッサーに入れる。Aの材料をすべて加え、なめらかになるまで回す(P.20ⓔⓕ参照)。

❻ ③の型の底に鶏もも肉1枚分を敷き、⑤の半量を入れてゴムベラで平らにならす。次に④の鶏ささみ肉、⑤の残り、鶏もも肉1枚を順に型に詰めて、鶏皮で包み込むように巻き、上面にローリエ、タイム、ローズマリーを乗せて蓋をする(P.20ⓖⓗ参照)。

❼ テリーヌ型を湯煎用のバットに入れて、湯をたっぷりと注いで、160℃のオーブンで70分湯煎焼きする。最初の40分は蓋をして焼き、その後は蓋を外す。

❽ 焼き上がりはテリーヌの中心温度を計って確認する。70℃に達していなければ、さらに加熱をする。温度計がない場合は、テリーヌに金串を刺し、中心部分で5秒ほどおいてから引き抜く。金串を唇に当てて熱さを感じ、穴から出てきた肉汁が透き通っていればOK。

❾ テリーヌ型ごとバットに乗せ、重しをする。粗熱が取れたら、冷蔵庫で冷やす。重しをした際にバットにあふれ出てきた肉汁は、いただくときにかけてソースとして使う。

※肉汁は鶏のゼラチン質のため、冷やすと自然に固まります。粗く砕いて、そのまま添えても温めて溶かしてもお好みで。

※エルブ・ド・プロヴァンスとは、フランス・プロヴァンス地方のミックスハーブ。タイム、セージ、フェンネル、ローリエ、ローズマリー等がブレンドされ、爽やかな香りを料理に添えます。組み合わせる素材を選ばないので、ちょっと風味が足りないというときに幅広く使えます。

※ラタトゥイユソース(P.121参照)もよく合います。

鴨と相性のよいグリーンペッパーをアクセントにしたテリーヌは、力強く濃厚な味わいが引き立つ本格派。重めの赤ワインによく合います。

鴨とフォアグラのテリーヌ
terrine de canard au foie gras

鶏レバーと甘栗とドライフルーツのテリーヌ

terrine de foie de volaille aux marrons et fruits secs

鶏レバーを主体とした濃厚な味わいのテリーヌ。鶏レバーと豚バラ肉のバランスが絶妙です。甘栗がほどよい甘みをプラスします。

鴨とフォアグラのテリーヌ

photo en page 22

材料 （ハーフテリーヌ型2本分）

鶏レバー……………………300g	└ホワイトペッパー……………少々
フォアグラ…………………100g	玉ねぎ………………………150g
豚ノド肉（豚トロ）…………300g	ニンニク……………5g(1/2片)
豚肩ロース肉………………350g	コニャック（もしくは赤ワイン）……大さじ2
鴨ロース肉…………………350g	ポートワイン（ルビー）………大さじ3
（※豚肉と鴨ロース肉を合わせて1kgになるようにする）	卵……………………………2個
豚背脂………………………100g	ピスタチオ……………30g(ロースト)
A┌塩………………………20g	ローリエ………………………2枚
│キャトル エピス………2g (小さじ1弱)	タイム（フレッシュ）…………2枝
│ブラックペッパー（粗挽）…1g (小さじ1/2弱)	サラダ油……………………大さじ1
│グリーンペッパー（粗挽/フリーズドライ）…0.6g(小さじ1弱)	網脂…………………………適量
│カイエンペッパー………………少々	

作り方

❶ 鶏レバーは余分な脂や筋があれば取り、半分に切る。内側に血の塊や血管があれば冷水で洗い流す。ボウルに氷水とレバーを入れ、15分程度漬けて血抜きをする。オーブンを160℃に予熱しておく。

❷ ①をザルに上げて、軽く塩（分量外）をして少しおき、ペーパータオルで水分をよく拭き取る。2cm角に切り、ボウルに入れてポートワインを半量ふりかけて冷蔵庫に入れておく。

❸ フォアグラは1cmの角切りにして、残りのポートワインをふりかけて冷蔵庫に3時間以上、できれば1晩入れておく。

❹ 豚肉と鴨ロース肉と豚背脂は7mm角位の大きさに切り、ボウルに入れてコニャックとAをすべて合わせて冷蔵庫に3時間以上、できれば1晩入れておく。

❺ 網脂は冷水で洗い、破らないように広げてペーパータオルで余分な水分を押さえておく。

❻ 玉ねぎとニンニクをみじん切りにする。フライパンにサラダ油とニンニクを入れて、香りが出るまで炒める。次に玉ねぎを加えて軽く塩とホワイトペッパー（ともに分量外）をし、しんなりするまで炒める。バットに上げ、一回り大きなバットに張った氷水を当ててしっかり冷ます。冷めたらボウルに入れる。

❼ ④を1/3量ずつフードプロセッサーにかけて、なめらかな部分と粗挽感が残るところが混ざるように加減をする。⑥のボウルに入れる。

❽ ②をフードプロセッサーに軽くかけ、⑦と合わせる。

❾ ⑧に卵を割り入れる。テリーヌのタネが入ったボウルを、一回り大きなボウルに入れた氷水に当てて、よく冷やしながら粘りが出るまで混ぜ合わせ、ピスタチオと③を合わせて全体を混ぜる。スプーン1杯程度のタネをフライパンで焼いて味を確かめる。塩分が足りないようなら、ここで調整する。

❿ テリーヌ型に網脂を敷く。⑨のタネを少量ずつ型に叩き付けるように、空気を抜きながら詰めていく。ハーフテリーヌ型1本に800gのタネが目安。最後にもう一度よくタネを押し付け、網脂で包み込み、表面にローリエ、タイムを乗せる。

⓫ テリーヌ型を湯煎用のバットに入れて、湯をたっぷりと注いで、160℃のオーブンで75分湯煎焼きする。最初の45分は蓋をして焼き、その後は蓋を外す。

⓬ 焼き上がりはテリーヌの中心温度を計って確認する。70℃に達していなければ、さらに加熱をする。温度計がない場合は、テリーヌに金串を刺し、中心部分で5秒ほどおいてから引き抜く。金串を唇に当てて熱さを感じ、穴からでてきた肉汁が透き通っていればOK。

⓭ オーブンから取り出し、上に重しを乗せ、氷水を張ったバットに入れて粗熱を取る。粗熱が取れたら、重しをしたまま冷蔵庫で1晩冷やす。

※冷蔵庫で3〜4日熟成させると、味がなじんでおいしくいただけます。

※ディジョンマスタード、コルニッションがよく合います。

鶏レバーと甘栗とドライフルーツのテリーヌ

photo en page 23

材料 （ハーフテリーヌ型1本分）

鶏レバー	400g
豚バラ肉	200g
玉ねぎ	100g
バター（食塩不使用）	10g
卵	1個
生クリーム	50ml
ポートワイン（ルビー）	大さじ1
コニャック	大さじ1
塩	7g
グラニュー糖	ひとつまみ
ホワイトペッパー	0.5g（小さじ1/4）
甘栗	約10粒
ドライいちじく	4〜6個
ドライプルーン	4〜6個

作り方

❶ 鶏レバーは余分な脂や筋があれば取り、血の塊や血管があれば冷水で洗い流す。ボウルに氷水とレバーを入れ、15分程度漬けて血抜きをする。

❷ 血抜きしたレバーはザルに上げて軽く塩（分量外）をして少しおき、ペーパータオルで水分をよく拭き取る。バットに入れてポートワインをふりかけ、冷蔵庫で3時間以上、できれば1晩入れておく。

❸ 豚バラ肉は5mmの角切りにして、コニャックをかけ冷蔵庫で3時間以上、できれば1晩入れておく。

❹ オーブンを160℃に予熱する。玉ねぎはみじん切りにする。フライパンにバターを溶かし、玉ねぎが軽く色付くまで炒めて冷ましておく。

❺ ③をフードプロセッサーに入れ軽く回す。さらに②の半量に塩、グラニュー糖、ホワイトペッパー、卵、④を加えて、全体がもったりとして、よくなじんだ状態になるまでフードプロセッサーにかける。最後に生クリームを加えて、ひと回しする。

❻ テリーヌ型の短辺の内側にバター（分量外）を塗り、型の長辺の側面と底面を覆うようにオーブンペーパーを敷く。最初に⑤の1/4量を入れ、次に②の残りの半量のレバーを並べて入れ、その隣に甘栗が一列に並ぶように入れる。

❼ さらに⑤の1/4量を入れる。ドライいちじくを一列に並べる。その隣に残ったレバーを一列に並べる。その上に⑤の1/4量を入れ、真ん中にドライプルーンを一列に並べ入れたら、残った⑤をすべて流し込み表面を平らにする。

❽ テリーヌ型を湯煎用のバットに入れて、湯をたっぷりと注いで、160℃のオーブンで75分湯煎焼きする。最初の45分は蓋をして焼き、その後は蓋を外す。

❾ 焼き上がりはテリーヌの中心温度を計って確認する。70℃に達していなければ、さらに加熱をする。温度計がない場合は、テリーヌに金串を刺し、中心部分で5秒ほどおいてから引き抜く。金串を唇に当てて熱さを感じ、穴からでてきた肉汁が透き通っていればOK。

❿ オーブンから取り出し、上に重しを乗せて、氷水を張ったバットに入れて粗熱を取る。粗熱が取れたら、重しをしたまま冷蔵庫で1晩冷やす。

※濃縮バルサミコソース（P.120参照）を添えると、よりおいしくいただけます。

とっておきのときに作りたい、フォアグラたっぷりの一品です。中にプルーンといちじくをはさみ込むことで、ソース要らずで簡単に作れます。

フォアグラとプルーンといちじくのテリーヌ

terrine de foie gras aux pruneaux et figues sèches

フォアグラとプルーンといちじくのテリーヌ

材料
（ハーフテリーヌ型1本分）

フォアグラ	1個（約600g）
塩	フォアグラ1kgに対して13g
ホワイトペッパー	フォアグラ1kgに対して2g
グラニュー糖	ひとつまみ
ポートワイン（ルビー／フォアグラの下味用）	大さじ2
A ┌ ドライいちじく（中）	約4個
├ ドライプルーン	約5個
└ ポートワイン（ルビー）	大さじ3
くるみ（ロースト）	5個

ポイント

leçon 1 血管はやさしく手早く取り除いて

ⓐ フォアグラは血管が見える面を上において、包丁を使いながら血管を取る。外側のなめらかな面を出せば血管を取ってもきれいに焼き上がるので、ダメージは気にしなくても大丈夫。

ⓑ 塩、ホワイトペッパー、グラニュー糖を全体にふりかけ、ポートワインをなじませる。

leçon 2 カット面をイメージして隙間なく詰める

ⓒ 中心部にドライフルーツとくるみを隙間なく入れる。

ⓓ 焼くと脂が出て少し縮むので、写真のように、ぎっしりと詰めるとよい。

ⓔ 中心部の温度が55℃を超えていればオーブンから出す。

ⓕ 温度計がない場合は金串やペティナイフを使い温度を確かめる。

フォアグラとプルーンといちじくのテリーヌ

作り方

❶ ドライいちじくは軸の固い部分を切り、ドライプルーンと合わせて、Aのポートワインに1晩以上漬け込む。

❷ フォアグラは常温に戻し、左右の房に分け、ラップを敷いたバットに乗せる。凸凹のある面からナイフで房を左右に少し開き、ナイフの背を当てながら血管に沿ってさらに開く。指先とナイフの背で軽く押し開きながら血管を取り除いていく。血管が途中で切れると、きれいに取り切れなくなるので、ゆっくりと丁寧に、外側のなめらかな面まで突き破らないように注意しながら作業する(P.28 ⓐ参照)。

❸ 下処理が済んだフォアグラを計量し、塩とホワイトペッパーの量を計算する。塩、ホワイトペッパー、グラニュー糖を合わせ、バットに広げたフォアグラの表面全体に均一にふりかける。さらにポートワイン大さじ3をふりかけて、落としラップをして冷蔵庫に1晩おく(P.28 ⓑ参照)。

❹ オーブンを120℃に予熱する。③のフォアグラは、血管のないなめらかな面が表面にくるように注意しながらテリーヌ型に詰めていく。最初に大きいほうの房を詰める。①の余分な水気をペーパータオルで押さえ取り、中心部にドライいちじく、くるみ、ドライプルーンを順番に詰めていき、隙間ができないように軽く押さえる。次に小さいほうの房を詰めていく。このときも表面になめらかな面が出るように気を付ける。焼くと脂肪が溶け出して身が縮むので、型いっぱいに詰めても大丈夫(P.28 ⓒ ⓓ参照)。

❺ テリーヌ型に蓋をして、120℃のオーブンで約40分湯煎焼きする。

❻ 焼き上がりは、テリーヌの中心温度を計って確認する。55℃に達していなければ、さらに加熱する。温度計がない場合はテリーヌに金串を刺し、中心部分で5秒ほどおいてから抜く。金串を唇に当てて温かく感じられたら焼き上がっている(P.28 ⓔ ⓕ参照)。

❼ バットに⑥を型ごと乗せて重しをする。粗熱が取れたら、重しをしたまま冷蔵庫で1晩冷やす。このときバットに流れ出てきた脂はほかの容器に移しておく。

❽ 型ごと保存する場合は、⑦で取り分けた脂を小鍋で溶かして流し入れて表面をコーティングする。型から外す場合は、パレットナイフを使って取り出し、きっちりとラップで包んで保存する。

※お好みでフルール・ド・セル(フランス・ゲランドの塩の花)や煮詰めたバルサミコソースを添えてもおいしくいただけます。

フランス語でジャンボンとはハム、ペルシエはパセリのこと。上質なハムとたっぷりのパセリを使った冷製テリーヌはブルゴーニュの郷土料理です。

ジャンボン・ペルシェ
jambon persillé

ジャンボン・ペルシエ

材料

（ハーフテリーヌ型1本分）

ハム(スモークしていないもの)……………………450g
チキンブイヨン(P.50参照)…………………………250ml
白ワイン…………………………………………………50ml
板ゼラチン…………………………………………………10g
パセリ(みじん切り)…………………………………………15g

エシャロット(みじん切り)……………………………15g
粒マスタード………………………………………小さじ1/2
塩……………………………………………………………適量
ホワイトペッパー…………………………………………適量

作り方

❶ ハムは2cmの角切りにする。

❷ 板ゼラチンは、ボウルに入る大きさにはさみで切り、氷水に漬けて戻しておく。

❸ テリーヌ型にラップを敷き込む。

❹ 鍋に①とチキンブイヨン、白ワインを入れ15分ほど煮る。粗熱が取れたら煮汁とハムに分ける。

❺ ④の煮汁は200mlを取り分けて、小鍋で温める。火を止めてから②をよく絞って入れ、しっかりと溶かす。

❻ パセリとエシャロット、粒マスタードとホワイトペッパーを⑤に加え、ハムと合わせて味をみる。味が薄いようならば塩とホワイトペッパーを足して、味を調える。氷水に当てて粗熱を取る。

❼ ⑥をテリーヌ型に流し入れ、ラップを巻いた板状の重しを乗せ、冷蔵庫で冷やし固める。

※ハムの質が仕上がりを左右します。ぜひ上質なハムを使って。

テリーヌ型と重しについて

テリーヌ型を選ぶときに気を付けなければいけないのは、容量と材質です。本書は一般のご家庭でも作りやすい量のレシピを紹介しています。またテリーヌ作りには欠かせない重しの役割についてもご説明します。

基本となるテリーヌ型とは？

本書では、比較的手に入りやすいストウブの鋳物製ハーフテリーヌと、ル・クルーゼの陶器製ヘリテッジ・テリーヌを基本に使っています。容量はそれぞれ700ml、600mlなので、ほぼ同じように調理ができます。

このような専用のテリーヌ型はほとんどのものに蓋が付き、厚みがあるので火の当たりが柔らかく、長時間オーブンに入れても安心です。

陶器製のものは鋳物製よりも温度が上がりやすいので、2つの異なる材質の型で同時に焼く場合は、それぞれのクセを見極めて、焼き時間を調整することが大切です。

専用の型がない場合はパウンド型や、耐熱性のグラタン皿等でも代用できますが、金属製の場合は継ぎ目から水が入ったり漏れたりしないか、それ以外にも容量が合っているか、材質の違いや形状の違いによって変わってくる温度の入り方の見極め等が必要です。テリーヌ専用以外の型を使う場合は、こまめに加熱時間を計り、焼き上がりを調整してください。

鋳物製の小さな鍋もテリーヌ型の代わりに使えます。ストウブのピコ・ココット オーバル 15cmの容量は600mlなので、テリーヌ・ド・カンパーニュのような断面の形にこだわらないタイプには便利です。

テリーヌ作りには、口当たりのいい食感に整えてくれる重しの存在が欠かせません。表面を平らにさせながら、重しの上に、十分な重さのある缶詰や水の入ったペットボトル等を乗せます。しっかりと締める場合はタネと同量の重しを、軽くでいい場合は半量程度にします。

第2章

魚介類のテリーヌ

TERRINES DE FRUITS DE MER

帆立の旨味が凝縮したテリーヌは、粗く刻んだ帆立を混ぜ込むことで素材感がしっかりと感じられます。枝豆の香りと食感がアクセントです。

帆立と枝豆のテリーヌ
terrine de coquilles Saint-Jacques aux edamames

帆立と枝豆のテリーヌ

材料
（ハーフテリーヌ型1本分）

帆立貝柱（生／刺身用）……………………………400g
枝豆（塩茹でしてさやから出したもの）……………80g
卵白………………………………………………………2個分
生クリーム……………………………………………150ml
白ワイン………………………………………………大さじ2
塩………………………………………………2.4g（小さじ1/2）
ホワイトペッパー………………………………0.3g（小さじ1/8）
カイエンペッパー………………………………………少々

ポイント

leçon 1 　食感をイメージして帆立を切る

ⓐ 帆立貝柱は、触って固い部分を手で取り除き、分けておく。

ⓑ 全量のうち3個は、食べたときの歯ごたえを残すために8等分に切り分け、手で取り除いた部分は5mm角に切る。

leçon 2 　なめらかなタネ作りがおいしさの決め手

ⓒ 残りの帆立貝柱と卵白、白ワイン、塩、ホワイトペッパー、カイエンペッパーをフードプロセッサーにかける。

ⓓ 生クリームを合わせて軽く混ぜる。小さなフードプロセッサーを使うときは、生クリームがあふれてしまうので、ⓒをボウルに移し、生クリームをゴムベラで合わせるとよい。

leçon 3 　2種類のタネのバランスを考えて

ⓔ 刻んだ帆立貝柱と枝豆は、別々にテリーヌのタネを混ぜておく。そうすることで、食べたときに口の中で異なる味わいが楽しめる。

leçon 4 　仕上がりをイメージして型に詰める

ⓕ 最初に帆立貝柱のみのタネを入れていく。ゴムベラを使って、表面をきれいにならしておくと、仕上がりの断面がきれいになる。

ⓖ 次に枝豆入りのタネを重ねる。こちらも入れ終わったら平らにしておく。

帆立と枝豆のテリーヌ

作り方

❶ 帆立貝柱はペーパータオルで押さえ、余分な水分を取る。帆立貝柱には一部固いところがあるので、手で取り除き、約5mm角に切る。3個の帆立貝柱は8等分に切る（P.36ⓐⓑ参照）。オーブンを160℃に予熱する。

❷ 残りの帆立貝柱は卵白、白ワイン、塩、ホワイトペッパー、カイエンペッパーと一緒にフードプロセッサーにかけてなめらかな状態にする（P.36ⓒ参照）。

❸ ②に少量ずつ生クリームを加え、もったりとなめらかになるまで混ぜ合わせる（P.36ⓓ参照）。スプーン1杯程度のタネをフライパンで焼いて味を確かめる。塩分が足りないようなら、ここで調整。

❹ ③を150g取り分けて枝豆を混ぜ合わせる。③の残りに、①の刻んだ帆立貝柱を混ぜ合わせる（P.36ⓔ参照）。

❺ テリーヌ型の短辺の内側にバター（分量外）を塗り、型の長辺の側面と底面が覆われるようにオーブンペーパーを敷く。隙間に空気が入らないよう帆立貝柱入りの④を丁寧に詰め、表面を平らにする。次に枝豆入りの④を詰めて表面を平らにする（P.36ⓕⓖ参照）。

❻ テリーヌ型を湯煎用のバットに入れて、湯をたっぷりと注いで、160℃のオーブンで60分湯煎焼きする。最初の30分は蓋をして焼き、その後は蓋を外す。

❼ 焼き上がりはテリーヌの中心温度を計って確認する。70℃に達していなければ、さらに加熱をする。温度計がない場合は、テリーヌに金串を刺し、中心部分で5秒ほどおいてから引き抜く。金串を唇に当てて熱さが感じられればOK。

❽ オーブンから取り出し、板状の重しを乗せて、氷水を張ったバットに入れて粗熱を取る。粗熱が取れたら表面にラップをして、冷蔵庫で十分に冷やす。

※食べるときに温め直すと、よりおいしくいただけます。テリーヌ作りで残った卵黄を使ったオランデーズソース（P.120参照）がよく合います。レモンをゆず果汁に替えて、ゆず皮、シブレット、チャービル、ディル等のハーブのみじん切りを添えても。

サーモンとアスパラガスのテリーヌ
terrine de saumon aux asperges

サーモンの上品な味わいを生かしてヨーグルトと組み合わせた爽やかなテリーヌ。なめらかなタネと塊部分とのバランスが大切です。

サーモンとアスパラガスのテリーヌ

材料

（ハーフテリーヌ型1本分）

サーモン（皮や骨、血合いを除く）……450g	レモン果汁……大さじ1
グリーンアスパラガス……5本	レモンの皮（すりおろし）……1/2個分
プレーンヨーグルト……100g	ディル……2枝
白ワイン……大さじ2	塩……2.4g（小さじ1/2）
卵白……2個分	ホワイトペッパー……0.3g（小さじ1/8）

作り方

❶ オーブンを160℃に予熱しておく。サーモンは皮、骨、血合いを取り除いて計量する。型の中央に入れるサーモンは厚みと幅を揃えて、200gだけ取り分けておく。それをバットに入れ、白ワイン大さじ1を振っておく。

❷ サーモンの残りの250gは、一口大に切って白ワイン大さじ1を振りかける。

❸ グリーンアスパラガスは穂先を残して皮をむき、さっと塩茹でする。氷水に取って冷やしてから穂先の部分は切り分け、残りはテリーヌ型の長さに合わせて切る。

❹ ②とプレーンヨーグルトをフードプロセッサーに入れ、なめらかになるまで回す。卵白を1個分ずつ加えて混ぜ、さらにレモン果汁、レモンの皮、塩、ホワイトペッパーを加えてなめらかにする（スプーン1杯程度のネタをフライパンで焼いて味を確かめる。塩分が足りないようなら、ここでも調整）。

❺ ボウルに④を160g取り分け、ディルの葉を刻んだものと、グリーンアスパラガスの穂先の部分15gを計量して、みじん切りにしたものを混ぜ合わせる。

❻ テリーヌ型の短辺の内側にバター（分量外）を塗り、型の長辺の側面と底面が覆われるようにオーブン

ペーパーを敷き込む。

❼ ④の残りを型に詰めて表面を平らにし、①の水分をペーパータオルで押さえて取り、全体に塩、ホワイトペッパーをしてから入れる。

❽ 次に⑤のテリーヌのタネの1/3量を入れ、グリーンアスパラガスを等間隔で並べる。残りのタネを詰め、表面を平らにして蓋をする。

❾ テリーヌ型を湯煎用のバットに入れて、湯をたっぷりと注いで、160℃のオーブンで60分湯煎焼きする。最初の30分は蓋をして焼き、その後は蓋を外す。

❿ 焼き上がりはテリーヌの中心温度を計って確認する。70℃に達していなければ、さらに加熱をする。温度計がない場合は、テリーヌに金串を刺し、中心部分で5秒ほどおいてから引き抜く。金串を唇に当てて熱さが感じられればOK。

※ディジョンマスタードやオランデーズソース（ともにP.120参照）がよく合います。

※プレーンヨーグルトは1晩水切りをして、約半量になったものを使うとよりコクのある味わいになります。

スモークサーモンと白菜とクリームチーズのテリーヌ
terrine de saumon fumé aux choux chinois et fromage roulé

たっぷりハーブを混ぜ込んだクリームチーズとスモークサーモンを、さっと茹でた白菜に乗せてぐるぐると巻き込んでから型に詰めました。

スモークサーモンと白菜とクリームチーズのテリーヌ

材料

（ハーフテリーヌ型1本分）

白菜·····4枚	シブレット·····1/2束
スモークサーモン（スライス）·····200g	エシャロット·····20g
クリームチーズ·····200g	塩·····1.2g（小さじ1/4）
ディル·····3枝	ホワイトペッパー·····0.3g（小さじ1/8）

作り方

❶ 白菜は食感が残る程度にさっと塩茹でし、氷水に取る。ザルに上げて軽く絞った後、ペーパータオルを敷いたバットに広げておき、白菜の上にもペーパータオルを乗せて余分な水分をしっかり押さえ取る。

❷ 常温に戻したクリームチーズをボウルに入れ、粗く刻んだディルとみじん切りにしたエシャロットをあえ、塩、ホワイトペッパーを加えて味を調える。

❸ ラップを敷いたまな板の上に白菜を縦方向に並べる。一部を重ねながら、幅はテリーヌ型の長辺に合わせて切り落とす。

❹ ③の白菜の上にスモークサーモンを並べ、その上に②を塗る。

❺ シブレットはテリーヌ型の長辺の長さに合わせて切る。3ヶ所に分けて④の上におく。

❻ ラップごと巻き寿司のようにぐるぐると巻いていく。隙間ができないようしっかりと押さえるように巻き上げ、ラップを表面に付けた状態でテリーヌ型に詰め、重しをして冷蔵庫で冷やす。

※お好みでレモン果汁をかけて、ケッパーを添えて。

※白菜の水分をしっかり取るのがポイント。水気が多いと後から水分が出てきて、きれいな断面になりにくいので注意してください。

さんまと焼きなすのテリーヌ

terrine de sammas aux aubergines

脂の乗ったさんまと焼きなすの相性のよさが実感できる
プレスタイプのテリーヌ。丁寧にプレスすることで、味わ
いも凝縮されます。

さんまと焼きなすのテリーヌ

材料
(ハーフテリーヌ型1本分)

さんま	3尾
EXVオリーブオイル(さんま用)	大さじ2
ニンニク	10g(1片)
塩、ホワイトペッパー	適量
白ワイン	大さじ1
なす(焼いて皮をむき、水切りして正味)	3本(150g)
EXVオリーブオイル(焼きなす用)	大さじ1
ドライトマト(水で戻してみじん切り)	8g
バジル	大6枚
ジャガイモ(小)	2個
ベーコン	7〜8枚
板ゼラチン	3g(2枚)
タイム(フレッシュ)	1枝

ポイント

leçon 1　さんまは骨取りを丁寧に

ⓐ さんまは腹から開いて、三枚におろす。中骨は指でつまんで、ゆっくりと身からはがしていく。

ⓑ 骨抜きで、取り残した骨をすべて抜き取る。

leçon 2　美しい仕上がりの決め手となるベーコンの並べ方

ⓒ まな板に薄切りのベーコンを並べる。テリーヌ型の底と長辺の側面を包み込むことができるようにすること。同じ幅に切ったオーブンペーパーを重ねる。

ⓓ まな板を傾けて、オーブンペーパーにベーコンを移し取り、オーブンペーパーごとテリーヌ型に敷く。

leçon 3　カット面をイメージして型に詰める

ⓔ できあがりをイメージしながら、具を順番に詰めていく。隙間が開いてこないように、その都度表面が平らになるようにしっかり押し付けるとよい。

ⓕ 板ゼラチンをテリーヌ型のサイズに切って入れる。加熱中に温度が上がり、食材の水分を吸ったゼラチンが自然に溶ける。ほどよくとろみが付くことで、食材同士の結着力を補強する。

さんまと焼きなすのテリーヌ

作り方

❶ オーブンを160℃に予熱しておく。なすは表面に数ヶ所竹串で穴を開け、皮にまっすぐ切り込みを入れる。グリルか焼網で両面を焼き、皮にこんがりと焼き色を付ける。熱いうちに皮をむき、粗熱が取れてから軽く重しをして余分な水分を抜いて、EXVオリーブオイルをかけておく。

❷ ドライトマトを水に漬けて戻す。柔らかくなったら余分な水分を絞り、5mm角程度に刻む。

❸ ジャガイモは皮ごと蒸す。柔らかくなったら皮をむき、約7mmの厚さにスライスする。

❹ さんまは三枚におろして腹骨をそぎ切りにして、小骨は骨抜きで抜く(P.44ⓐⓑ参照)。次に縦半分のサイズに切ったらペーパータオルで表面の水分をしっかり押さえ取り、白ワインをふりかける。両面に塩、ホワイトペッパーをしておく。

❺ フライパンにつぶしたニンニクとEXVオリーブオイルを入れて火にかける。ニンニクのよい香りがしてきたら、④を皮目から焼く。皮に焼き色が付いたら裏返して両面を焼き、バットに取る。

❻ テリーヌ型の長辺と底面が覆われるようにオーブンペーパーを切り、その上にベーコンを並べる(P.44ⓒⓓ参照)。

❼ ⑥をオーブンペーパーごと型の底に、しっかりと敷き込み、⑤のさんまを4枚入れる。その上にバジルの葉2枚と②の1/3量を乗せ、①の焼きなすを入れて表面が平らになるようにギュッと押し付ける(P.44ⓔ参照)。

❽ 板ゼラチンをテリーヌ型のサイズに合わせてはさみで切る(P.44ⓕ参照)。

❾ ⑧を⑦の上に1枚乗せ、その上にさんまを4枚、バジル、ドライトマトの順番に重ねていく。

❿ さらに③のジャガイモを平らに並べ入れ、板ゼラチン、残りのさんま、バジル、ドライトマトの順番で乗せる。

⓫ すべて詰め終わったら、ベーコンで表面を包み込み、その上にタイムを乗せて蓋をする。

⓬ テリーヌ型を湯煎用のバットに入れて、湯をたっぷりと注いで、160℃のオーブンで40分湯煎焼きする。最初の20分は蓋をして焼き、その後は蓋を外す。

⓭ 焼き上がりはテリーヌの中心温度を計って確認する。70℃に達していなければ、さらに加熱をする。温度計がない場合は、テリーヌに金串を刺し、中心部分で5秒ほどおいてから引き抜く。金串を唇に当てて熱さが感じられればOK。

⓮ オーブンから取り出し、ラップで巻いた重しを乗せて、氷水を張ったバットに入れて粗熱を取る。粗熱が取れたら表面にラップをして、冷蔵庫で十分に冷やす。

※EXVオリーブオイルをソースして、お好みで軽く塩をしていただきます。

※ドライトマトとバジルを、梅干しと大葉にかえて和風味にしても。

本書でよく使う野菜、ハーブ、スパイス類

テリーヌやパテ作りでは、清涼感のある香りを持たせたり、味にアクセントを付けるための野菜やハーブ、スパイス類が欠かせません。本書でもよく使用している野菜やハーブ、スパイス類についてご紹介します。

玉ねぎ

みじん切りにして、じっくりと炒めてコクと旨味を引き出してから使うのがポイントです。素材に汗をかかせるように、じっくりと蒸すように炒めるのがコツ。飴色に色づくと甘みが強くなり過ぎるので、テリーヌを作るときは、その手前で炒め終えるように気を付けます。

じっくりと炒めた玉ねぎを「テリーヌ・ド・カンパーニュ」や素朴なリエットに加えると、肉の風味を引き立ててマイルドにまとめてくれます。

ニンニク

特有の強い香りが素材のおいしさを引き立てるので、適量のニンニクはおいしいテリーヌ作りに欠かせません。必ず芯の部分を取り除いて、使う量には注意しましょう。旬の時期にしか味わえない柔らかい香りの新ニンニクや、もし手に入ればヨーロッパ産のピンクのニンニク等もぜひ使ってみてください。マイルドな香りとほどよい甘みでやさしい味わいに仕上がります。

ペッパー

本書ではブラックペッパーとホワイトペッパー、グリーンペッパー、ピンクペッパーを使い分けています。

未熟な実を乾燥させたのがブラックペッパーで、ピリッとした強い刺激とはっきりとした香りがあります。粗く挽いて、脂肪分の多い肉や風味が強い素材と合わせると味が引き締まります。完熟後に乾燥させて外皮をむいたのがホワイトペッパーです。グリーンペッパーは緑色の若い実をフリーズドライや塩漬けにしたもので、爽やかな香りが鴨によく合います。ピンクペッパーは、ウルシ科のコショウボクの実のこと。香りは比較的おだやかで、ほのかな苦みと酸味が特徴的です。鮮やかな色合いを生かしてトッピングに使うのがおすすめです。

エシャロット

小玉ねぎに似た香味野菜で、日本ではベルギー・エシャロットと呼ばれています。玉ねぎよりも繊細で、加熱しても玉ねぎのような強いコクと甘みが出ず、特有の香味が生かせます。本書では特に繊細に仕上げたい「ジャンボン・ペルシエ」と「キノコと鶏のテリーヌ」「キノコと栗のパテ」等で使用しています。手に入らない場合は玉ねぎでも代用できます。

ローリエとタイム

ローリエもタイムもフランス料理のブーケガルニ（香草類を束ねたもの）に欠かせないハーブで、素材のクセを和らげ、爽やかな香りを添えます。素材をマリネするときや、テリーヌを焼いたりリエットを煮込むとき等に欠かせません。タイムは生のものを枝ごと使います。

キャトル エピス

フランス語で4種のスパイスのこと。フランス料理に欠かせないミックススパイスで、ブラックまたはホワイトペッパー、ナツメグ、クローヴ、ジンジャーまたはシナモンを組み合わせています。市販品が手に入らない場合は、これらのスパイスをお好みの割合で組み合わせて使ってみてください。

カイエンペッパー

別名カイエンヌペッパー。辛みの強い唐辛子で、本書ではパウダー状のものを使用しています。テリーヌやリエットに少量加えると、ピリッとした辛みがほどよいアクセントになり味が引き締まります。もし手に入れば、フランス・バスク地方のエスプレット唐辛子を使うと香りも引き立ちます。

第3章
野菜のテリーヌ
TERRINES DE LÉGUMES

12種類の野菜のテリーヌ
terrine aux 12 légumes

テーブルの主役になる彩り豊かなテリーヌは、チキンブイヨンから手作りすることで上質な味わいに。野菜はお好みでアレンジしても。

12種類の野菜のテリーヌ

材料
(ハーフテリーヌ型1本分)

キャベツ……………………………3枚(大きめの葉)	アスパラガス……………………………………3本
赤パプリカ、黄パプリカ……………………各1/4個	白ネギ…………………………………………1/2本
いんげん…………………………………………4本	しいたけ…………………………………………3個
オクラ……………………………………………6本	鶏手羽中肉……………………………………100g
ブロッコリー…………………………………1/4個	A ┌ チキンブイヨン……………………………200ml
カリフラワー…………………………………1/4個	│ 板ゼラチン…………………………………10g
ヤングコーン……………………………………2本	│ 塩……………………………2.4g(小さじ1/2)
ミニにんじん……………………………………4本	└ ホワイトペッパー…………0.3g(小さじ1/8)

【チキンブイヨン】

材料

手羽先	500g
セロリの葉	1本分
白ネギの青い部分	1本分
ローリエ(フレッシュ)	1枚
タイム	1枝
ホワイトペッパー	10粒
白ワイン	大さじ1
水	800ml

作り方

1 手羽先の準備

① 手羽先はキッチンばさみで爪の部分を切り落とし、身全体も半分に切る。

2 スープを取る

② 圧力鍋にすべての材料を入れ、蓋をして火にかける。圧力がかかったら弱火にして15分加圧する。自然放置して圧が下がったら蓋を開ける。

③ 目の細かいザルでこし、スープを分ける。

3 身を外す

④ セロリと白ネギ、ハーブ、ホワイトペッパーは取り除き、手羽先は骨から身を外す。手羽中のきれいな肉の部分と皮に分けて、テリーヌの具材用においておく。

※圧力鍋がない場合は、普通の鍋で40分程度煮ても作ることができます。
※手羽先で作るチキンブイヨンはやさしい味わいで、テリーヌ作りはもちろんスープをベースとして、いろいろなお料理に使えます。

ポイント

leçon 1　基本となるゼラチンの戻し方

ⓐ 板ゼラチンは氷水に漬けて戻す。水温が高いと溶けてしまうので注意する。

ⓑ ゼラチンは手でギュッと絞って、余分な水分を切り、ブイヨンに入れて溶かす。

leçon 2　味わいを左右するキャベツの水切り

ⓒ 塩水で茹でたキャベツの葉は、ペーパータオルでしっかりと水分を押さえ取り、テリーヌ型の幅に合わせて切ったラップに敷く。

ⓓ 板状の重し等を利用して、ラップごとテリーヌ型に敷き詰める。

leçon 3　下茹での塩加減と水切りが野菜のおいしさを決める

ⓔ 野菜は茹でるときにしっかりと塩味を付けるのが重要。1種類ずつ茹でて氷水に取り、粗熱が取れたらペーパータオルでしっかりと水分を押さえ取る。余分な水分が残っていると仕上がりが水っぽくなるので注意する。

ⓕ 完成をイメージしながら、順番に野菜をテリーヌ型に詰めていく。

leçon 4　カット面をイメージして型に詰める

ⓖ 野菜を詰めながら、ゼリー液を流し込んでいく。

ⓗ 野菜を詰め終わったら、スープを取った手羽内肉のほぐした身を一番上に乗せてゼリー液を流し込み、ラップごとキャベツの葉で包む。

photo en page 48

12種類の野菜のテリーヌ

作り方

❶ 野菜の下ごしらえをする。キャベツは太くて固い葉脈の部分をそぎ切りにする。パプリカはピーラーで皮をむき、縦1/3に切る。ブロッコリーとカリフラワーは小房に分ける。ミニにんじんは皮をむく。アスパラガスは根元を切り、根元側の固い皮をピーラーでむく。白ネギはテリーヌ型の長さに切る。しいたけの軸は、かさ側から約1cm残して切る。オクラの茎付き部分と先の細い部分は切る。ヤングコーンといんげんも細い部分は切る。

❷ 鍋に湯を沸かし、湯にしっかりと塩味が付く程度の塩(分量外)を加える。目安としては水2Lに対して塩大さじ3位。沸騰した湯で野菜を1種類ずつ茹でる。だんだんと煮詰まってくるので、適宜水を足していく。野菜は食感が残る程度で上げ、氷水に取る(P.52ⓔ参照)。

❸ ❷の粗熱が取れたらザルに上げ、ペーパータオルで上下をしっかりと押さえて余分な水分を取る。

❹ Ａでチキンブイヨンのゼリーを作る。板ゼラチンは、ボウルに入る大きさにはさみで切り、氷水に漬けて柔らかくなるまで戻す。チキンブイヨンを鍋で温め、沸騰したら火を止めて、よく絞った板ゼラチンを加えて溶かす(P.52ⓐⓑ参照)。塩、ホワイトペッパーで調味し、鍋ごと氷水に当てて粗熱を取っておく。型に敷き込む前に固まらないように、粗熱が取れたら氷水から外しておく。

❺ テリーヌ型の長辺の側面と底面を覆うことができる長さにラップを切り、その上に水切りしたキャベツの葉を並べる。キャベツは一部を重ねて隙間なく並べ、ラップごとテリーヌ型に入れて、板状の重しを利用しながら型の底にしっかりと敷き込む(P.52ⓒⓓ参照)。

❻ ❺に❹のゼリー液を少し注ぎ入れる。

❼ ❸の野菜を、完成をイメージしながら1種類ずつ間を開けずに詰めていく(P.52ⓕ参照)。

❽ 野菜はしっかりと押して入れ、一段ずつゼリー液を流し入れる(P.52ⓖ参照)。

❾ 野菜を詰め終わったら、ほぐした鶏手羽中肉を入れ、残りのゼリー液を注ぎ入れる。キャベツで表面を包み込むようにする(P.52ⓗ参照)。

❿ バットの上に❾のテリーヌを型ごとおき、ラップをした重しを乗せて上面を軽く押さえて、中に入っている余分な空気を出してから冷蔵庫で冷やし固める。

※基本のヴィネグレットソース(P.122参照)やマヨネーズ(P.121参照)を添えて。野菜にしっかり塩味が付いているので、そのままでもおいしくいただけます。

春のテリーヌ
ホワイトアスパラガスと春キャベツと卵のテリーヌ
terrine aux asperges blanches, choux printantiers et œufs

le printemps

春の訪れを告げるホワイトアスパラガスと卵を丸ごと使った、復活祭をイメージした春のテリーヌです。旬の春キャベツも欠かせません。

l'été

夏のテリーヌ
プチトマトとモッツァレラのカプレーゼ風テリーヌ

terrine aux tomates cerises et mozzarella

爽やかな夏の一皿は、カプレーゼをイメージして、プチトマトとベビーモッツアレラをはちみつ風味の白ワインゼリーに閉じ込めました。

春のテリーヌ　ホワイトアスパラガスと春キャベツと卵のテリーヌ

photo en page 54

材料

（ハーフテリーヌ型1本分）

春キャベツ（大きめの葉）……………………3〜4枚	塩、ホワイトペッパー……………………………適量
ホワイトアスパラガス…………………………5本	A チキンブイヨン（P.50参照）……………200ml
卵…………………………………………5個	板ゼラチン……………………………10g
ハム……………………………………100g	塩……………………2.4g（小さじ1/2）
粒マスタード……………………………大さじ1	ホワイトペッパー…………0.3g（小さじ1/8）
白ワインビネガー………………………小さじ2	

作り方

❶ 野菜の下ごしらえをする。春キャベツは太くて固い葉脈の部分をそぎ切る。ホワイトアスパラガスはピーラーで皮をむく。

❷ ホワイトアスパラガスと春キャベツを茹でる。鍋に湯を沸かし、湯にしっかりと塩味が付く程度の塩（分量外）を加える。目安としては水2Lに対して塩大さじ3位。沸騰した湯で野菜を1種類ずつ茹でる。だんだんと煮詰まってくるので、適宜水を足していく。野菜は食感が残る程度で上げ、氷水に取る。

❸ ②の粗熱が取れたらザルに上げ、ペーパータオルで上下をしっかりと押さえて余分な水分を取る。

❹ 茹で卵を作る。鍋に卵と水を入れ火にかける。沸騰したら弱火にして固茹でにし、殻をむく。

❺ Aでチキンブイヨンのゼリーを作る。板ゼラチンはボウルに入る大きさにはさみで切り、氷水に漬けて柔らかくなるまで戻す。チキンブイヨンを鍋で温め、沸騰したら火を止めて、よく絞った板ゼラチンを加えて溶かす。塩、ホワイトペッパーで調味し、鍋ごと氷水に当てる。型に敷き込む前に固まらないように、粗熱が取れたら氷水から外しておく。

❻ 春キャベツとハムのサラダを作る。水切りした春キャベツ1枚分（約80g）をざく切りにし、1cmの短冊切りのハムを合わせてボウルに入れる。粒マスタード、白ワインビネガーを混ぜ合わせ、塩、ホワイトペッパーで味を調え、⑤の1/3量を加えて軽くあえる。

❼ テリーヌ型の長辺の側面と底面を覆うことができる長さにラップを切り、その上に切っていない残りの春キャベツの葉を並べる。「12種類の野菜のテリーヌ」（P.48〜P.53参照）と同様に、ラップごとテリーヌ型に入れ、型の底にしっかりと敷き込む。春キャベツの上に⑤を少量注ぎ入れる。できあがりの写真（P.54）を参考に、最初は⑥の1/4量を平らに入れる。

❽ 茹で卵は白身だけの両端を切り落として、片側に寄せるように詰める。切り落とした平らな断面がピッタリくっつくように一列に並べるのがコツ。卵の横に⑥の残りを入れ、中に隙間ができないようにパレットナイフ等で表面を軽く押しながら平らにする。

❾ ⑤の残りを全量注ぎ入れ、型の長さに切ったホワイトアスパラガスを並べ入れる。もう一度パレットナイフ等で表面を軽く押さえて平らにし、空気が入らないようにキャベツで表面を包み込む。

❿ バットの上に⑨のテリーヌを型ごとおき、ラップをした板状の重しを乗せて上面を軽く押さえてから、冷蔵庫で冷やし固める。

※どこを切っても黄身のあるきれいな断面が出てくるように、白身だけの両端を切り落として一列に並べていくのがポイント。

※卵の部分には、フルール・ド・セル等、大粒のおいしい塩をひとふりして、マヨネーズ（P.121参照）に粒マスタード大さじ1を加えたソースがよく合います。

夏のテリーヌ　プチトマトとモッツァレラのカプレーゼ風テリーヌ

photo en page 55

材料

（ハーフテリーヌ型1本分）

プチトマト、ミディトマト	計約350g		はちみつ	50g
ベビーモッツァレラ	100g		レモン果汁	小さじ2
バジル	4〜5枚		水	大さじ2
プロシュート	5枚		塩	2.4g（小さじ1/2）
白ワイン	100ml		板ゼラチン	15g

作り方

❶ プチトマト、ミディトマトは湯むきする。トマトのヘタの部分に皮1枚残すように切り込みを入れて、沸騰した湯の中で10秒程度茹で、氷水に取る。切り込みを入れたヘタの部分から皮をはがすようにすると湯むきしやすい。ペーパータオルで表面の水分をしっかりと押さえ取る（湯の中に入れる時間が長いと、火が入って崩れやすくなるので注意）。

❷ ベビーモッツァレラ（または通常サイズのモッツァレラを適宜ちぎったもの）は水気を切り、ペーパータオルで表面の水分をしっかり取っておく。

❸ 白ワインゼリーを作る。板ゼラチンをボウルに入る大きさにはさみで切り、氷水に漬けて柔らかくなるまで戻す。

❹ 白ワインを鍋に入れて火にかけ、沸騰させてアルコール分を飛ばす。火を止めてから、余分な水分を絞った❸を加えて溶かす。次にはちみつ、レモン果汁、水、塩を加えて混ぜ合わせる。鍋ごと氷水に当てて粗熱を取っておき、固まらないうちに氷水から外す。

❺ テリーヌ型の長辺の側面と底面を覆うことができる長さにラップを切り、その上にプロシュートを並べる（P.44ⓒⓓのベーコンの並べ方を参照）。型の底にしっかりと敷き込み、❹を少量流し入れる。❶と❷をできるだけ隙間が少なくなるよう詰めながら、一段ごとに❹を流し入れ、軽く押さえて空気が入らないようにする。途中、バジルの葉も間にはさむように詰める。どこを切っても同じデザインになるようカット面をイメージしながら、トマト、モッツァレラ、バジルはそれぞれ一列に並べるようにするとよい。

❻ すべて詰め終わったらプロシュートで表面を覆うようにし、落としラップをした上に板状の重しを乗せて冷蔵庫で冷やす。

※EXVオリーブオイルをソース代わりに。お好みでフルール・ド・セルを添えて。よく冷やしてお召し上がりください。

キノコの香りと旨味を詰め込んだ秋のテリーヌは、鶏肉
ベースのタネに帆立を加えることで奥行きのある深い
味わいを表現しました。

秋のテリーヌ
キノコと鶏のテリーヌ

terrine de poulet aux champignons

l'automne

シューファルシとは、フランス語でキャベツの肉詰めのこと。
おいしい冬のテリーヌは、手に入ればちりめんキャベツを
使うのがおすすめ。

冬のテリーヌ
シューファルシ風テリーヌ
terrine de choux farcis

l'hiver

秋のテリーヌ　キノコと鶏のテリーヌ

photo en page 58

材料

（ハーフテリーヌ型1本分）

キノコ(しいたけ、マッシュルーム、舞茸、しめじ、エリンギ等を合わせて)…………………………………………350g
バター(食塩不使用)…………………………………15g
ニンニク……………………………………5g(1/2片)
エシャロット…………………………………………30g
A ┌ 塩……………………………1.2g(小さじ1/4)
　└ ホワイトペッパー……………………………少々

鶏挽肉………………………………………………250g
帆立貝柱………………………………………………60g
卵白……………………………………………………2個分
白ワイン………………………………………………大さじ1
生クリーム…………………………………………100ml
塩……………………………………2.4g(小さじ1/2)
ホワイトペッパー………………0.3g(小さじ1/8)

作り方

❶ オーブンを160℃に予熱しておく。キノコはマッシュルームとしいたけ等形のよいものを140g程残し、後は粗く刻む。フライパンにバターを溶かし、強火で刻んだキノコをすべて炒める。

❷ ①の表面に焼き色が付いたらみじん切りにしたニンニクとエシャロットを加えて、さっと炒め合わせる。Aで調味して粗熱を取る。刻んでいないマッシュルームとしいたけはバットに分けておく。

❸ 鶏挽肉、粗く刻んだ帆立貝柱をフードプロセッサーに入れて軽くかける。卵白、塩、ホワイトペッパー、白ワインを加えてなめらかになるまで回し、最後に生クリームを加えて混ぜ合わせる。ボウルに移し、②の炒めたキノコを混ぜ合わせる。

❹ テリーヌ型の短辺の内側にバター(分量外)を塗り、型の長辺の側面と底面を覆うようにオーブンペーパー

を敷き込む。③の1/3量を入れたら表面を平らにならし、刻んでいないキノコの半量を一列に並べて入れる。さらに③の1/3量を入れて、同様の作業を繰り返して残りのキノコを並べ入れる。残りの③を型に入れ、表面を平らにならして蓋をする。

❺ テリーヌ型を湯煎用のバットに入れて、湯をたっぷりと注いで、160℃のオーブンで60分湯煎焼きする。最初の40分は蓋をして焼き、その後は蓋を外す。焼き上がりはテリーヌの中心温度を計って確認する。70℃に達していなければ、さらに加熱をする。温度計がない場合は、テリーヌに金串を刺し、中心部分で5秒ほどおいてから引き抜く。金串を唇に当てて熱さが感じられたらOK。

※ポーチドエッグを乗せて、黄身を絡めながらいただくと美味。温めると香りが引き立ちます。

冬のテリーヌ　シューファルシ風テリーヌ

photo en page 59

材料

（ハーフテリーヌ型1本分）

キャベツ	8〜10枚	牛乳	大さじ2
豚挽肉	400g	A　白ワイン	大さじ1
玉ねぎ	100g	卵	1個
バター（食塩不使用）	10g	塩	6g(小さじ11/4)
ニンニク	5g(1/2片)	ホワイトペッパー	0.3g(小さじ1/8)
ベーコン	80g	キャトル エピス	0.5g(小さじ1/4)
パン粉	30g	ローリエ	2〜3枚

作り方

❶ オーブンを160℃に予熱する。キャベツは1枚ずつ葉を はがし、しんなりするまで塩茹でし、ペーパータオルで余 分な水分を押さえておく。芯の厚い部分はそぎ切りにし て厚みを揃える。

❷ ニンニクと玉ねぎはみじん切りにしてバターで炒める。 しんなりしてきたらボウルに上げ、氷水を当てて冷ます。

❸ ベーコンは短冊に切り、炒める。焼き色が付いてきたら ザルに上げて余分な脂を切る。

❹ ボウルにパン粉を入れ、牛乳をふりかけて混ぜ合わ せる。ここに豚挽肉、②、③、Aを加えて手でよく混ぜ 合わせる。全体がしっかり混ざって、粘りが出てきたら OK。

❺ テリーヌ型の内側にバター（分量外）を塗り、①の キャベツを2枚重ね合わせて底に敷き込む。キャベツ の上に④の1/5量を乗せ、次に型のサイズに切った キャベツを乗せ、表面を平らにする。同じ工程を繰り 返し、キャベツがなくなるまで重ねる。

❻ 上まで重ね終わったら、型に敷いたキャベツの葉で包み 込むようにして上面を閉じ、ローリエを乗せ蓋をする。

❼ テリーヌ型を湯煎用のバットに入れて、湯をたっぷりと注い で、160℃のオーブンで60分湯煎焼きする。最初の30分 は蓋をして焼き、その後は蓋を外す。

❽ 焼き上がりはテリーヌの中心温度を計って確認する。 70℃に達していなければ、さらに加熱をする。温度計 がない場合は、テリーヌに金串を刺し、中心部分で5秒 ほどおいてから引き抜く。金串を唇に当てて熱さを感じ、 穴からでてきた肉汁が透き通っていればOK。

※トマトクリームソース（P.121参照）がよく合います。

白ネギと鶏ささみ肉のテリーヌ
terrine de filet de volaille aux poireaux japonais

チキンブイヨンでじっくりと煮込んだ白ネギは、とろけるような食感と自然な甘みが印象的。やさしい味わいに仕上がりました。

白ネギと鶏ささみ肉のテリーヌ

材料
（ハーフテリーヌ型1本分）

白ネギ	6本
鶏ささみ肉	2本
チキンブイヨン（P.50参照）	250ml
板ゼラチン	10g
塩	3g（小さじ2/3）
ホワイトペッパー	0.3g（小さじ1/8）

ポイント

leçon 1 白ネギは柔らかくチキンブイヨンで煮る

ⓐ 白ネギの白い部分はテリーヌ型の長辺と同じ長さに切り、青い部分と一緒にチキンブイヨンで煮込む。

ⓑ 具材となる鶏ささみ肉も中に火が通るまで煮込む。

leçon 2 白ネギは1本分まるごと使い切る

ⓒ 火の通った白ネギの青い部分は開いて、よく水分を切っておく。

ⓓ テリーヌ型の長辺の側面と底面を覆う長さにラップを切る。その上に白ネギの青い部分を並べ、ラップごと型に敷き込んでいく。

leçon 3 白ネギと鶏の旨味をギュッと詰め込む

ⓔ 白ネギの白い部分とブイヨンのゼリー液を交互に詰めて、最後に裂いた鶏ささみ肉を詰める。

ⓕ ゼリー液を流し込み、ラップごとネギで周囲を巻いて、板状の重しをして冷やし固める。

白ネギと鶏ささみ肉のテリーヌ

作り方

❶ 白ネギの白い部分はテリーヌ型の長さに切る。青い部分はできるだけ長い状態のままで、1本ずつにばらしておく。

❷ 板ゼラチンは、ボウルに入る大きさにはさみで切り、必ず氷水に漬けて戻しておく。

❸ 鍋にチキンブイヨンと白ネギ（白い部分と青い部分の両方）、筋を取った鶏ささみ肉、塩、ホワイトペッパーを入れて蓋をして煮る。白ネギの青い部分は柔らかくなったら、鶏ささみ肉は火が通ったら、それぞれ取り出しておく（P.64ⓐⓑ参照）。

❹ 白ネギの白い部分も柔らかく煮えたら取り出す。白ネギ等を煮たチキンブイヨンは、200mlを小鍋に取って温めて味をみる。薄ければ塩、ホワイトペッパーで味を調える。火を止めてから余分な水分を絞った②を加えて溶かし、氷水に当てて粗熱を取る。

❺ 白ネギの青い部分は切り込みを入れて開き、上下をペーパータオルで押さえて、しっかりと水気を取る（P.64ⓒ参照）。

❻ テリーヌ型の長辺の側面と底面を覆うことができる長さにラップを切り、その上に⑤を並べて、型に敷き込む（P.64ⓓ参照）。

❼ ⑥に④のゼリー液を少量流し込み、白ネギの白い部分を一段並べる。さらに④のゼリー液と白ネギを交互に入れ、余分な空気を抜くように軽く押さえる。

❽ 最後に鶏ささみ肉を手で裂いてから入れる。残りのゼリー液を入れたら、板状の重しで軽く押さえたまま固定し、冷蔵庫で冷やし固める（P.64ⓔⓕ参照）。

※シンプルなヴィネグレットソース（P.122参照）が白ネギの甘みを引き立てます。

ネギ

フランスでポワロー（英語ではリーキ）と呼ばれる西洋ネギは、とても太くて煮崩れしにくく、甘みとコクがあります。日本ではとても高価で手に入りにくいので、本書では一般的な白ネギで作りました。旬の時期ならば、下仁田ネギ等の煮込みに向く太いネギを使うと、おいしく仕上がります。

ほくほくのジャガイモのおいしさを味わう素朴なテリーヌ。ジャガイモの間に注ぎ込んだ卵液はグリュイエールチーズが味の決め手です。

ジャガイモとベーコンのテリーヌ
terrine de pommes de terre au bacon fumé

ジャガイモとベーコンのテリーヌ

材料

（ハーフテリーヌ型1本分）

ジャガイモ	400g		卵黄	2個分
ベーコン	7〜8枚		塩	2.4g(小さじ1/2)
タイム(フレッシュ)	1枝		ホワイトペッパー	0.3g(小さじ1/8)
ローリエ	2〜3枚		ナツメグ	少々
A ┌ 生クリーム	150ml		└ グリュイエールチーズ	30g

作り方

❶ オーブンを180℃に予熱しておく。ジャガイモは皮ごと蒸してから皮をむき、7mm程度の厚さにスライスする。完全に火を通すと崩れやすいので、少し固めで取り出す。

❷ Aの材料を合わせる。生クリーム、卵黄、塩、ホワイトペッパー、ナツメグをボウルに入れ、泡立て器でなめらかになるまでよく混ぜ合わせる。目の細かなザルでこし、グリュイエールチーズをすりおろして加える。

❸ テリーヌ型の長辺の側面と底面を包み込むことができるサイズにオーブンペーパーを切り、その上にベーコンを並べる(P.44ⓒⓓの写真参照)。型の短辺の内側にはバター(分量外)を塗り、型の長辺の側面と底面を覆うようにベーコンをしっかりと敷き込み、②を少量流し入れる。

❹ ③に①のジャガイモを一部が重なるようにずらしながら一段並べ、さらに②を流し入れる。ジャガイモと②を交互に入れ、ジャガイモの間に隙間ができないよう、ときどき押さえながら全量を詰める。

❺ 表面を平らにし、ベーコンで表面を包み込み、タイムとローリエを乗せてから蓋をする。

❻ 180℃のオーブンで約60分焼く。30分たったら蓋を取り、表面に焼き色が付くようにする。竹串を刺して、卵液が付いてこなければOK。焼き上がったら軽く重しをして表面を平らにする。

※ シンプルに粒マスタードを合せるのがおすすめです。

※ 卵黄2個分の代わりに、全卵1個でも作れます。全卵を使うと、ややあっさりめに仕上がります。

野菜オムレツのテリーヌ
omlette aux légumes en terrine

薄くスライスした野菜とベーコンを積み重ねて、卵でとじた
オムレツ風のテリーヌ。野菜はいろいろと組み合わせて、
お好みのバランスで。

野菜オムレツのテリーヌ

材料

（ハーフテリーヌ型1本分）

卵··············5個	EXV オリーブオイル··············大さじ2
パルメザンチーズ(すりおろし)··············10g	ズッキーニ··············1/2本
生クリーム··············大さじ2	赤パプリカ、黄パプリカ··············各1個
塩··············2.4g(小さじ1/2)	ベーコン··············60g
ホワイトペッパー··············0.3g(小さじ1/8)	ジャガイモ(中)··············1個

作り方

❶ パプリカは焼網を使うか200℃に熱したオーブンで焦げ目が付くまで焼き、皮をむいて種を取って、縦4等分に切る。ジャガイモは皮ごと蒸し、皮をむいて7mmの厚さでスライスする。ズッキーニも7mmの厚さにスライスする。ベーコンは塊なら5mmの厚さに切る。スライスタイプなら5mmの短冊に切る。

❷ 180℃にオーブンを予熱する。ボウルに卵を割り入れ、生クリームと合わせて泡立て器でよく混ぜ合わせる。目の細かいザルでこし、パルメザンチーズ、塩、ホワイトペッパー、EXV オリーブオイルを加えて味を調える。

❸ テリーヌ型の内側にバター(分量外)を塗り、オーブンペーパーを敷き込む。②を少量注ぎ入れ、ズッキーニ、ベーコン、パプリカ、ジャガイモを順に入れながら間に②を注ぎ入れる。間に隙間ができないように、途中で押さえながら中の空気を抜いて詰めていくとよい。

❹ 180℃のオーブンで約50分焼く。竹串を刺して、何も付いてこなければOK。焼き上がったら軽く重しをして、形を整える。

※焼き上がりは膨らみますが、重しをして冷ますとテリーヌ型の高さに落ち着きます。

※トマトクリームソース(P.121参照)がよく合います。スライスしてから、表面をフライパンで焼くとチーズの香りが引き立ちます。

ケーク・サレのテリーヌ
cake salé en terrine

チーズが香る塩味のテリーヌの生地に、かぼちゃやソーセージ、オリーブを加えました。かぼちゃの甘みとチーズのバランスがよく、軽食にも最適。

ケーク・サレのテリーヌ

材料

（ハーフテリーヌ型1本分）

卵	2個	パルメザンチーズ（すりおろし）	30g
ウインナーソーセージ	6本	太白ごま油	大さじ2
かぼちゃ	100g	牛乳	100ml
トウモロコシ	1/2本	タイム（フレッシュ）	1枝
ブラックオリーブ（種なし）	50g	塩	1.2g(小さじ1/4)
薄力粉	100g	ホワイトペッパー	少々
ベーキングパウダー	小さじ1	ブラックペッパー（粗挽）	少々

作り方

❶ オーブンを180℃に予熱する。ウインナーソーセージは、両端を切り落とす。かぼちゃは一口大に切り、7割程度火が通るまで蒸す。トウモロコシは蒸して、包丁で実をそぎ切りにする。ブラックオリーブは、余分な水分をペーパータオルで押さえておく。

❷ ボウルに卵を割り入れて塩、ホワイトペッパーを加え、泡立て器で混ぜ合わせる。さらに牛乳と太白ごま油、パルメザンチーズを合わせる。

❸ ②にふるった薄力粉とベーキングパウダーを加え、ゴムベラでさっくりと混ぜ合わせる。

❹ ③にトウモロコシとかぼちゃ、ブラックオリーブを加える。

❺ テリーヌ型の短辺の内側にバター（分量外）を塗り、長辺の側面と底面が覆われるようにオーブンペーパーを敷き込む。

❻ ⑤の上に、④の生地の1/2量を流し入れ、ソーセージを長辺と平行になるように並べ入れる。

❼ 残り全部の生地を流し入れたら、表面は真ん中をくぼませるようにしてからタイムを乗せ、粗く挽いたブラックペッパーをふりかける。180℃のオーブンで約45分焼く。

※油は香りの穏やかな菜種油、グレープシードオイル等、お好みのものに替えても大丈夫です。

※軽くトーストするとチーズの香りが引き立ちます。

※お好みの野菜を合わせて、アレンジも楽しめます。

保存食としてのテリーヌ

フランスでは、保存の利く常備菜として重宝されてきたテリーヌ。本書でも日持ちのするレシピがいくつかあるのでご紹介します。正しい保存方法と食べごろを知れば、テリーヌがさらに身近になります。

テリーヌの食べごろ

肉で作る伝統的なテリーヌやリエットは、保存食として重宝されてきました。本書でご紹介した「テリーヌ・ド・カンパーニュ」や「鴨とフォアグラのテリーヌ」はできたてよりも3日後以降に、「鶏レバーと甘栗とドライフルーツのテリーヌ」や「フォアグラとプルーンといちじくのテリーヌ」は翌日以降に召し上がっていただくと、全体の味わいがなじんでおいしくなります。テリーヌやパテ、リエットは調理や保存の環境によって、おいしくいただける期間が変わってきます。食べごろを迎えたら、なるべく早く食べ切りましょう。

調理中も素材の温度や衛生管理には注意が必要です。肉類、魚類、特に内臓類は傷みやすいので、気温の高い時期には室温を下げたり、氷水に当てる等の工夫をしながら作業をし、完成後はしっかりと熱を取り除きます。ここでも氷水を使う等の素早い冷却が肝心です。型ごと脂で密閉、もしくは真空包装した状態で温度管理がされた冷蔵庫に入れます。使用する包丁やまな板は清潔なものを使い、できるだけ素手で触らないようにしてください。飲食店の場合は、使い捨て手袋を着用し、食品用アルコールで調理器具、手袋を殺菌するのが基本。冷蔵庫の開閉による温度変化にも気を付けて奥にしまう等、丁寧な保存を心がけることでおいしさが長持ちします。

魚介や野菜、果物のテリーヌは長期保存には向いていないので、できるだけ早めにお召し上がりください。ゼラチン寄せのタイプは、しっかりと水切りをしていないと、時間とともに素材の水分が出てきて、崩れやすくなったり素材の色が悪くなったりしやすいので、丁寧な作業を心がけてください。

冷凍保存できるもの

「ジャンボン・ペルシエ」以外の肉のテリーヌ、「キノコと鶏のテリーヌ」、肉類のリエットと「サバのリエット」は冷凍保存ができます。

テリーヌは塊のままか一切れずつカットしてラップでしっかりと包み、冷凍保存用のジッパー付きの密閉袋に入れます。

リエットは冷凍保存用のジッパー付きの密閉袋に入れて、しっかりと空気を抜いて冷凍します。いただく際は、前日から冷蔵庫に入れてゆっくりと時間をかけて解凍しましょう。

長期保存できる作り方

「テリーヌ・ド・カンパーニュ」や「フォアグラとプルーンといちじくのテリーヌ」を保存瓶で瓶ごと調理すれば1〜2ヶ月の保存も可能です。殺菌した保存瓶の容量の8割程度に、レシピ通り作ったタネを入れ、密閉してから鍋で湯煎調理します。鍋に湯を沸かし、そのまま保存瓶を入れてください。湯の量は、保存瓶の高さの7割程度が目安です。蓋をしたまま、弱火にして20〜30分ほど加熱します。瓶のサイズによって加熱時間が異なりますが、瓶の中に澄んだ肉汁が出てきたらOKです。初めて作るときは、調理後に1瓶だけ開けて、仕上がりの温度確認をすると安心です。

瓶ごと氷水に漬けて素早く冷却したら、冷蔵庫で保存します。1回量ずつを瓶に分けて作っておくと、その都度おいしくいただけます。

第4章
リエットとパテ
RILLETTES ET PÂTÉS

じっくり煮込むことで肉の繊維がほぐれ、旨味が口の中で
いっぱいに広がります。シンプルにディジョンマスタードと
コルニッションを添えて。

豚肉のリエット
rillettes de porc

豚肉のリエット

材料
（ハーフテリーヌ型1本分）

豚バラ肉（塊）	500g
ニンニク	20g(2片)
玉ねぎ	150g
白ワイン	120ml
A ┌ ローリエ	1枚
│ タイム（フレッシュ）	1枝
│ 塩	9.6g(小さじ2)
│ ブラックペッパー（粗挽）	1g(小さじ1/2)
│ カイエンペッパー	0.2g(小さじ1/8)
└ ホワイトペッパー	0.3g(小さじ1/8)

ポイント

leçon 1 豚肉はサイズを揃えて火の通りを均一に

ⓐ 豚バラ肉は炒めやすいように、すべて2cm角に切り分ける。

leçon 2 豚肉はしっかり焼き付けて旨味を引き出す

ⓑ 肉の表面に焼き色が付くまで炒める。

ⓒ ニンニクと玉ねぎを加えてさらに炒める。白ワインを加えたら、鍋底にこびりついた焼き目を丁寧にこそげ溶かす。ここに肉の旨味が詰まっているので、しっかりと。

leçon 3 圧力鍋ならば短時間でおいしく

ⓓ 豚肉は圧力鍋で加圧して煮ると、短時間で柔らかくなる。圧力鍋がない場合は、水を加えて肉がホロホロに柔らかくなるまでじっくりと煮込む。

ⓔ 余分な水分を飛ばすよう、しっかりと煮詰めて仕上げる。溶けた脂肪がとろりとした状態になってきたらOK。

leçon 4 なめらかすぎない素朴な食感を残す

ⓕ ローリエとタイムを取り除き、フードプロセッサーに軽くかける。肉の繊維が残っている粗い状態で取り出す。

ⓖ フードプロセッサーがない場合はビニール袋に入れて手でほぐすか、フォークの背でつぶす。

豚肉のリエット

作り方

❶ 豚バラ肉は2㎝角に切り、圧力鍋で焼き色が付くまで炒める（P.76ⓐⓑ参照）。

❷ ニンニク、玉ねぎをみじん切りにし、①に加えて炒め、白ワインを加えてひと煮立ちさせる。鍋底にこびりついた肉は、木ベラでこそげ溶かす（P.76ⓒ参照）。

❸ ②の火を止めAを加える。蓋をして火にかけ、圧力がかかったら弱火にして20分間加圧する。時間がきたら鍋ごと水をかけて急冷し、圧を下げてから蓋を開ける。水分が多ければ強火で飛ばす（P.76ⓓⓔ参照）。

❹ 粗熱が取れたらローリエとタイムを取り除き、残りはフードプロセッサーにかける。フードプロセッサーがなければ、ビニール袋に入れて手でほぐすか、フォークの背でつぶす（P.76ⓕⓖ参照）。

❺ ④を容器に詰め、冷蔵庫で保存する。

※ディジョンマスタード、コルニッションがよく合います。

豚の角煮風リエット
rillettes de porc japonais

和風テイストのリエットには、ディジョンマスタードと白味噌を合わせた「白味噌マスタード」とマッシュした里芋がよく合います。

鴨のリエット
rillettes de canard

シンプルな味わいで、素材そのもののおいしさが
ダイレクトに感じられます。鴨肉の濃厚で野性的
な味わいは、力強い赤ワインとの相性抜群。

豚の角煮風リエット

photo en page 78

材料

（ハーフテリーヌ型1本分）

豚バラ肉（塊）……………………………500g
酒 ……………………………………100ml
白ネギ……………………………………80g
生姜………………………………………8g

醤油……………………………………大さじ2 1/2
みりん…………………………………大さじ2
昆布（5cm×5cm）……………………………1枚

作り方

❶ 豚バラ肉は2cm角に切り、圧力鍋で焼き色が付くまで炒める。

❷ 白ネギのみじん切りとすりおろした生姜を①に加えて、さらに炒める。酒を加えてひと煮立ちさせ、鍋にこびりついた肉の旨味をこそげ溶かす。

❸ 一度火を止め、②に昆布を加える。蓋をして火にかけ、圧力がかかったら弱火にして20分加圧する。時間がきたら鍋ごと水をかけて急冷し、圧を下げてから蓋を開ける。醤油とみりんを加えて、さらに煮込む。余分な水分が飛び、とろみがついてきたら火を止める。

❹ 粗熱が取れたら昆布を取り除き、フードプロセッサーにかける。フードプロセッサーがなければ、フォークの背でほぐす。

❺ 肉の繊維がほぐれたら保存容器に空気が入らないようにしっかり詰めて、冷蔵庫で保存する。

※お好みで八角や花椒加えると、個性的な味わいが引き立ちます。

※白味噌とディジョンマスタードを3:2の割合で合わせたものと、塩とホワイトペッパーで調味した里芋マッシュを添えるのがおすすめです。

鴨のリエット

photo en page 79

材料

（ハーフテリーヌ型1本分）

鴨ロース肉……………………………1枚（約350g）
豚バラ肉（塊）…………………………………150g
（※鴨ロース肉と合わせて500gになるようにする）
ニンニク……………………………………10g（1片）
玉ねぎ………………………………………………150g
白ワイン……………………………………………120ml

A ローリエ………………………………………………1枚
　　タイム（フレッシュ）……………………………1枝
　　塩………………………………………9.6g（小さじ2）
　　ブラックペッパー（粗挽）…………1g（小さじ1/2）
　　カイエンペッパー………………0.2g（小さじ1/8）
　　ホワイトペッパー………………0.3g（小さじ1/8）

作り方

❶ 鴨ロース肉と豚バラ肉は2cm角に切り、圧力鍋で焼き色が付くまで炒める。

❷ ニンニク、玉ねぎはみじん切りにし、①に加える。

❸ ②に、白ワインを加えてひと煮立ちさせる。鍋底にこびりついた肉には旨味が詰まっているので、木ベラでこそげ溶かす。

❹ 一度火を止め、③にAを加える。蓋をして火にかけ、圧力がかかったら弱火にして20分間加圧する。時間がきたら鍋ごと水をかけて急冷し、圧を下げてから蓋を開ける。水分が多ければ強火で飛ばす。

❺ 粗熱が取れたらローリエとタイムを取り除き、残りはフードプロセッサーにかける。フードプロセッサーがなければ、フォークの背でほぐす。

❻ 肉の繊維がほぐれたら保存容器に空気が入らないようにしっかり詰めて、冷蔵庫で保存する。

※フォアグラを取るために育てられた鴨は、マグレ・ド・カナール（magret de canard）と呼ばれています。そのロース肉は、通常飼育の鴨に比べて大きく脂が乗っていてしっかりとした肉質が特徴。サイズもほどよく、厚みのある脂ごと使うとバランスがよく仕上がります。鴨のリエットやテリーヌを作るときにはフランス産の冷凍品を使うのが手ごろ。最近はインターネット等の通販でも手軽に手に入り、そのまま焼いてもおいしいので冷凍庫に数枚ストックしておくと便利です。

レバーが苦手という方にも食べやすいポートワインとバルサミコ酢が香る鶏レバーのパテです。パンにたっぷり付ければワインもすすみます。

鶏レバーのパテ
pâté de foie de volaille

鶏レバーのパテ

材料
（350mlの保存瓶1瓶分）

鶏レバー……………………………………150g	玉ねぎ……………………………………50g
A ┌ ポートワイン（ルビー、または赤ワイン）……大さじ1	ニンニク……………………………………5g（1/2片）
├ バルサミコ酢……………………………小さじ2	バター（炒め用）……………………………15g
├ タイム（フレッシュ）……………………1枝	生クリーム…………………………………大さじ1
├ 塩………………………………2.4g（小さじ1/2）	バター（混ぜ込み用）………………………45g
└ ホワイトペッパー………………0.3g（小さじ1/8）	ピンクペッパー……………………………適宜

83

ポイント

leçon 1 下ごしらえと下味で風味よく仕上がる鶏レバー

ⓐ 血管や脂を取り除き、氷水で血抜きをした後、鶏レバーをポートワインとバルサミコ酢、タイム、塩、ホワイトペッパーに漬け込む。下味が付くことで、風味よく仕上がる。

leçon 2 鶏レバーはしっかり火を通すことが大切

ⓑ みじん切りにした玉ねぎとニンニクを炒めて、香りが出たら鶏レバーを加えて両面を焼く。焼き色が付いたら漬け汁の残りを加えて蓋をし、強火にかけて煮る。鶏レバーが煮えたら蓋を取り、煮汁がなくなるまでしっかりと炒める。

leçon 3 バターと生クリームでなめらかに乳化させて

ⓒ フードプロセッサーで、鶏レバーをなめらかにする。バターはよく冷やして、小さく切ったものを少量ずつ加え、しっかりと乳化させる。最後に生クリームを加え、塩、ホワイトペッパーで味を調える。

鶏レバーのパテ

作り方

❶ 鶏レバーは余分な脂や筋があれば取り、血の塊や血管があれば冷水で洗い流す。ボウルに氷水とレバーを入れ、15分程度漬けて血抜きをする。

❷ ①の水気をペーパータオルで押さえ取り、Aと合わせて1時間以上、できれば1晩漬け込む(P.84ⓐ参照)。

❸ 鍋にバターを溶かし、みじん切りにした玉ねぎとニンニクを炒め、軽く塩、ホワイトペッパー(ともに分量外)をする。②のレバーを加えて両面に焼き色を付けたら、②の漬け汁も加えて蓋をして煮る(P.84ⓑ参照)。

❹ 3分ほど煮たら蓋を取り、焦げ付かないように木ベラでかき混ぜながら水分を飛ばす。バットに広げ、氷水に当てて粗熱を取る。

❺ ④をフードプロセッサーにかけてペースト状にする。

❻ ⑤に小さく切ったバターを少しずつ加えながら、フードプロセッサーにかける。バターが全体になじんだら最後に生クリームを加え、味が薄ければ塩、ホワイトペッパー(ともに分量外)で味を調える(P.84ⓒ参照)。お好みでピンクペッパーを散らしていただく。

※濃縮バルサミコソース(P.120参照)がよく合います。

シャルキュトリと鶏肉のパテとリエット
charcuterie et poulet

スモークハムのパテ
pâté de jambon fumé

スモークハムのパテ

材料
（200mlの保存瓶1瓶分）

ボンレスハム（スモークタイプ）………100g
生クリーム…………………………100ml
マスタード……………………………小さじ1
バター…………………………………10g
塩、ホワイトペッパー………………適量

作り方

❶ボンレスハムを粗く刻み、フードプロセッサーにかける。
❷①に生クリーム、マスタードを合わせ、小さく切ったバターを加えてなめらかになるまで合わせる。塩とホワイトペッパーで味を調えて仕上げる。

鶏のリエット

材料
（200mlの保存瓶1瓶分）

鶏もも肉……………………………1枚(350g)
セロリ………………………………1本(80g)
ニンニク……………………………5g(1/2片)
白ワイン……………………………100ml
A ┌ 塩………………………………4.8g(小さじ1)
　│ ホワイトペッパー…………0.3g(小さじ1/8)
　│ ローリエ………………………………1枚
　└ ローズマリー（フレッシュ）…………1枝

鶏のリエット
rillettes de poulet

生ハムのパテ
pâté de jambon cru

市販のハムや生ハムを使って作るパテは、フードプロセッサーさえあればとても簡単。仕上がりを左右するので材料は上質なものを。

作り方

❶鶏もも肉は2cm角に切り、圧力鍋で炒める。肉の表面に焼き色がついてきたら、セロリとニンニクをみじん切りにして鍋に加える。

❷①に白ワインを加えてひと煮立ちさせる。鍋底に焼きついた肉を木ベラでこそげ溶かす。

❸一度火を止めて、②にAを加える。蓋をし、火にかけ、圧力がかかったら弱火にして20分間加圧する。時間がきたら鍋ごと水をかけて急冷し、圧を下げてから蓋を開ける。水分が多ければ強火で飛ばす。

❹ローリエとローズマリーを取り除き、フードプロセッサーにかける。

生ハムのパテ

材料
（200mlの保存瓶1瓶分）

生ハム	50g
EXV オリーブオイル	大さじ3
クリームチーズ	80g
塩、ホワイトペッパー	適量

作り方

❶生ハムは粗く刻み、フードプロセッサーにかける。

❷①にクリームチーズ、EXVオリーブオイルを加えてなめらかになるまで合わせる。塩とホワイトペッパーで味を調える。

魚のパテとリエット
pâtés et rillettes de poisson

スモークサーモンのパテ
pâté de saumon fumé

スモークサーモンのパテ

材料
（200mlの保存瓶1瓶分）

A ┌ スモークサーモン……………100g
　├ クリームチーズ……………50g
　├ EXVオリーブオイル………大さじ1
　└ レモンの皮（すりおろし）………少々
塩、ホワイトペッパー……………適量
ケッパー……………………………適量
ディル（フレッシュ）………………1枝

作り方
❶ Aをフードプロセッサーにかけてなめらかにし、塩、ホワイトペッパーで味を調える。
❷ 器に盛り付けて、ディルの葉とケッパーを散らす。

ツナのブランダード

材料
（300mlの耐熱皿1皿分）

ツナ缶（オイル漬）………………1缶（165g）
ジャガイモ………………………中2個（160g）
ニンニク……………………………10g（1片）
EXVオリーブオイル………………大さじ3
生クリーム…………………………大さじ2
牛乳…………………………………50ml
塩、ホワイトペッパー……………適量
パルメザンチーズ…………………適量

ツナのブランダード
brandade de thon

サバのリエット
rillettes de maquereau

魚のパテやリエットには、爽やかさやコクを上手にプラスすることで、肉を使ったものとは違う魚ならではのおいしさが引き出されます。

作り方

❶ オーブンを200℃に予熱しておく。ツナ缶はザルに上げ、軽く油を切る。
❷ 小鍋に牛乳と同量の水（分量外）を合わせ、ひたひたの量でニンニクを煮る。鍋に合わせて牛乳と水の量は増減させる。
❸ ジャガイモは柔らかく蒸す。熱いうちに皮をむき、粗くつぶす。
❹ フードプロセッサーに①と水分を切った②、③を入れて、全体が合わさるように軽く回す。EXVオリーブオイル、生クリームも加え、塩、ホワイトペッパーで味を調える。
❺ 耐熱容器に入れて、パルメザンチーズをふりかけ、200℃のオーブンで表面が色付くまで焼く。

※④までの工程で、そのままパンに塗って食べてもよい。

サバのリエット

材料　（350mlの保存瓶1瓶分）

サバ（身のみ・正味）……200g（1尾分）	タイム……………………………………1枝
白ワイン………………………………150ml	バター（食塩不使用）………………80g
ローリエ…………………………………1枚	塩………………………2.4g（小さじ1/2）
セロリの葉……………………………1本分	ホワイトペッパー………0.3g（小さじ1/8）
セロリの茎………………………………40g	レモン、ブラックペッパー（粗挽）…適量

作り方

❶ セロリの茎はみじん切りにしておく。
❷ サバは骨と皮を取り除いて計量する。鍋に白ワイン、ローリエ、タイム、セロリの葉と①を加え、火にかける。沸騰したらサバの身を加え、余分な水分がなくなるまで煮る。
❸ ②からローリエ、タイム、セロリの葉を取り除き、フードプロセッサーにかけて身をほぐす。小さく切ったバターと塩、ホワイトペッパーを加えて、なめらかになるまで混ぜ合わせる。お好みでレモンを絞り、ブラックペッパーを振りかける。

野菜のパテとリエット
pâtés et rillettes de légumes

赤パプリカのムース
mousse aux poivrons rouge

アボカドのパテ
pâté d'avocat

赤パプリカのムース

材料
（200mlの保存瓶1瓶分）

赤パプリカ･････････････････････2〜3個
　　（焼いて皮をむいたもの200g）
塩･････････････････････2.4g(小さじ1/2)
生クリーム･･････････････････････200ml
ホワイトペッパー･････････････････少々
はちみつ･･･････････････････････････10g
板ゼラチン･････････････････････････5g

作り方

❶パプリカは200℃のオーブンで皮に焦げ目が付くまで30分ほど焼く。オーブンから出し、皮をむき、種を取って計量する。
❷板ゼラチンは氷水に漬けて戻す。
❸フードプロセッサーに①と塩、ホワイトペッパー、生クリーム50mlを入れ、なめらかになるまで回し、小鍋に移して沸かす。
❹③を火から降ろし、②を加えて溶かす。
❺ボウルに残りの生クリームとはちみつを入れ、氷水に当てながら8分立てに泡立てる。
❻④を氷水に当てて冷やし、とろみがついてきたら⑤の1/3量を加えて泡立て器でなめらかになるまで混ぜ合わせる。次に⑤のボウルに移し入れ、全体を混ぜ合わせたら味をみる。薄ければ塩、ホワイトペッパーで味を調える。好みの器に流し入れ、冷蔵庫で冷やし固める。

※計量してパプリカが残った場合は、少量の生クリームと合わせてピュレ状にし、ムースの上に添えてもおいしい。

アボカドのパテ

材料
（200mlの保存瓶1瓶分）

アボカド･･･････････････････････････1個
ライム･･････････････････････････1/2個
EXVオリーブオイル･･････････････大さじ1
玉ねぎ(みじん切り)･･････････････大さじ2
塩･････････････････････1.2g(小さじ1/4)
ホワイトペッパー･････････････････少々

作り方

❶アボカドは半割りにして種を取り、皮をむいてボウルに入れ、すぐにライムの絞り汁をふりかける。
❷①をフォークの背で粗くつぶして、EXVオリーブオイル、みじん切りにした玉ねぎ、塩、ホワイトペッパーを合わせて混ぜ合わせ、味を調える。

なすのキャビア
caviar aux aubergines

キノコと栗のパテ
pâté de champignons aux marrons

それぞれの野菜の個性を生かしたパテやムースは、サラダ感覚で楽しめます。肉や魚のテリーヌと組み合わせてサンドイッチにしても。

なすのキャビア

材料
（200mlの保存瓶1瓶分）

なす（焼いて皮をむく）	170g
EXVオリーブオイル	大さじ2
ニンニク	3g(1/3片)
レモン果汁	大さじ1
パルメザンチーズ（すりおろし）	大さじ2
塩、ホワイトペッパー	適量

作り方

❶なすは皮に竹串で穴を開け、200℃に熱したオーブンで約30分焼く。

❷焼き上がった①の皮をむき計量し、包丁でみじん切りにする。

❸フライパンにEXVオリーブオイルとみじん切りにしたニンニクを入れ、香りが出てくるまで炒める。次に②を加えて余分な水分が飛ぶまで炒める。

❹火を止めてからレモン果汁とパルメザンチーズを加えて混ぜ合わせる。最後に塩、ホワイトペッパーで味を調える。

キノコと栗のパテ

材料
（350mlの保存瓶1瓶分）

キノコ（しいたけ、しめじ、エリンギ、舞茸等を組み合わせる）	250g
バター	50g
エシャロット	20g
ニンニク	3g(1/3片)
甘栗	100g
塩、ホワイトペッパー、ブラックペッパー（粗挽）	適量

作り方

❶ニンニクとエシャロットはみじん切りにする。キノコは石突きを取り、種類に合わせてほぐしたり切ったりしてサイズを整える。

❷フライパンにバター10gを溶かし、ニンニクを炒める。香りがしてきたらキノコを加えて強火で炒める。キノコが色付いたらエシャロットも加えてさっと炒め、火を止める。

❸②の粗熱を取り、フードプロセッサーにかける。キノコの食感が残るように粗めのペースト状にしたら、甘栗の2/3量と小さく切った残りのバターを加え混ぜ、塩とホワイトペッパーで味を調える。

❹残りの甘栗を粗く砕き、③と混ぜ合わせて器に盛る。粗挽のブラックペッパーを散らす。

テリーヌ作りに欠かせない道具たち

テリーヌ作りは決して難しくはありませんが、きちんとした手順で、丁寧に作業することが必要です。分量は厳密に計って加えることが、おいしいテリーヌ作りへの近道です。ここでは、そんなテリーヌ作りに欠かせない道具をご紹介します。

微量計と計量スプーン

塩とスパイスの量は厳密に計ってください。0.1g単位で計れる微量計があると間違いありませんが、小さじ1/4まで計れる計量スプーンで代用してもOKです。本書では、計量スプーンを使用する場合の目安も記載しています。

温度計

加熱するテリーヌでは、仕上がりの中心温度が重要です。おいしさだけでなく保存にも影響します。金串で温度の目安をみることもできますが、料理用のデジタル温度計がひとつあると便利です。

フードプロセッサー

大きめサイズのほうが使いやすいのですが、家庭用の小さな容量のフードプロセッサーの場合は、適量ずつに分けて使いましょう。またフードプロセッサーの容器と刃を事前に冷やしておくと、素材の温度管理がしやすくなります。

深型バット

湯煎焼きはオーブンの天板では浅過ぎるので、別のものを用意しましょう。琺瑯やステンレスの深型バットや陶器製の大きめのグラタン皿、サイズの合う鍋でもOKです。型の6割程度まで湯がかぶる高さが理想です。

小型のパレットナイフとターナー

できあがったテリーヌを型から出すときに、小型のパレットナイフやターナーがあると便利です。ドイツ製のヴォストフ（WÜSTHOF）の小型のものが使いやすくて気に入っています。

重し

テリーヌの焼き上がりは、軽くふくらみ食感もふんわりとしているので、重しをして適度にタネを締めましょう。ゼラチン寄せのテリーヌは、冷やすときに重しを乗せると具材が浮き上がってくるのを押さえ、フラットに仕上がります。

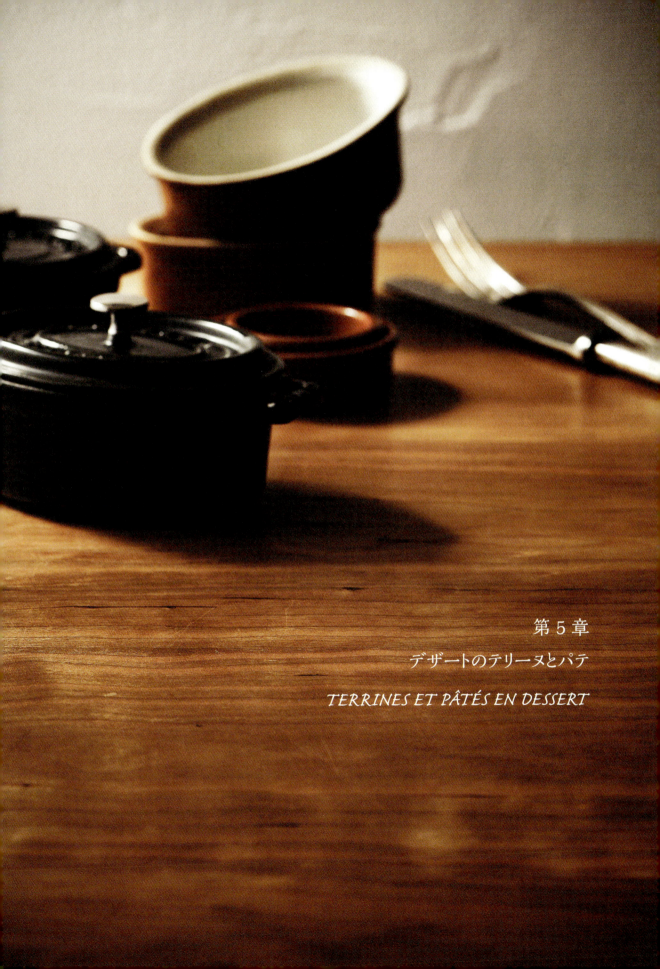

第 5 章

デザートのテリーヌとパテ

TERRINES ET PÂTÉS EN DESSERT

ぶどうとシャンパンのテリーヌ
terrine de raisins au champagne

ぶどうとシャンパンをシンプルに合わせることで、素材の持ち味を生かしました。シャンパンの香り高い、大人のデザートテリーヌです。

ぶどうとシャンパンのテリーヌ

材料
（ハーフテリーヌ型1本分）

ぶどう	500g（大1房分）
シャンパン	200ml
グラニュー糖	30g
板ゼラチン	10g
水	50ml

ポイント

leçon 1 湯むきをすれば皮むきが簡単に

ⓐ ぶどうを熱湯の中で10秒ほど茹でて、氷水に取る。熱湯から氷水に上げる温度差で皮がむきやすくなる。

leçon 2 シャンパンの味わいを活かした贅沢なゼリー

ⓑ 氷水に漬けて戻した板ゼラチンは、グラニュー糖を煮溶かした湯に入れ、しっかり溶かす。そこにシャンパンを加えて混ぜ合わせ、ゼリー液を作る。

leçon 3 ぶどうはしっかりと隙間なく詰め込んで

ⓒ できあがったときに取り出しやすくなるように、テリーヌ型にラップを敷いておく。ゼリー液とぶどうを交互に入れていく。

leçon 4 適度な重しが美しいカット面を生み出す

ⓓ ゼリー液とぶどうが全量入ったら、ラップで包んだ板状の重しで押さえて、中の空気を抜く。

ⓔ 下に敷いたバットごとラップで包み、ぶどうが浮いてこないように表面を軽く押さえながら冷蔵庫で冷やし固める。

ぶどうとシャンパンのテリーヌ

作り方

❶ ぶどうは房から外す。鍋に湯（分量外）を沸かし、ぶどう
を10秒位茹でる。皮が弾けたところで氷水を入れたボ
ウルに取り、一粒ずつ皮をむく（P.96ⓐ参照）。湯むき
したぶどうは、ペーパータオルで表面の余分な水分を
しっかり取っておく。

❷ 板ゼラチンは、はさみでボウルに入る大きさに切り、氷水
に漬けて戻しておく。

❸ 小鍋に水とグラニュー糖を入れて火にかけ、グラ
ニュー糖を煮溶かす。火を止めてから、絞って水を切
った板ゼラチンを加え混ぜ、しっかりと溶かす。

❹ ③にシャンパンを少しずつ加えて、よく混ぜ合わせる

（P.96ⓑ参照）。

❺ テリーヌ型の長辺の側面と底面が覆われるようにラップ
を敷き、型の中に④のシャンパンゼリーの液を少量注
ぐ。次にぶどうを敷き詰めるようにして、ゼリー液とぶどう
を交互に全量を入れる（P.96ⓒ参照）。

❻ テリーヌ型をバットに乗せ、ラップをした板状の重しで
表面を軽く押してなじませる。重しの上からラップを巻
き、軽く押さえながら冷蔵庫で冷やし固める（P.96ⓓ
ⓔ参照）。

春のフルーツ
いちごと赤ワインのテリーヌ
terrine de fraise au vin rouge

le printemps

甘酸っぱいいちごを赤ワインと合わせた大人のデザートです。バルサミコソースとブラックペッパーを添えて、より洗練された味わいに。

夏のフルーツ
白桃とネクタリンとプルーンのテリーヌ
terrine de pêches et pruneaux

l'été

旬の果実の味わいを生かしたシンプルなテリーヌ。白ワインベースのゼリーにはちみつをたっぷりと加え、バニラの香りを添えました。

春のフルーツ　いちごと赤ワインのテリーヌ

photo en page 98

材料

（ハーフテリーヌ型1本分）

いちご……………………………………350g
赤ワイン…………………………………150ml

はちみつ…………………………………80g
板ゼラチン………………………………10g

作り方

❶ いちごはヘタを取り、軽くしめらせたペーパータオルで表面をやさしく拭いて汚れを取る。

❷ 板ゼラチンは、はさみでボウルに入る大きさに切り、氷水に漬けて戻しておく。

❸ 小鍋に赤ワインを入れて火にかける。沸騰したら火を止め、②をよく絞って加え混ぜ、しっかりと溶かす。

❹ ③に、はちみつを加えて混ぜ合わせる。鍋ごと氷水に当てて粗熱を取る。

❺ テリーヌ型の長辺の側面と底面が覆われるようにラップを敷き、型に②のゼリー液を少量注ぎ、いちごをできるだけ隙間なく、ぎっしりと詰めていく。その後はゼリー液

といちごを交互に全量を入れる。

❻ テリーヌ型ごとバットに入れ、ラップをした板状の重しを乗せて表面を軽く押してなじませる。重しの上からラップを巻き、軽く押さえながら冷蔵庫で冷やし固める。

※粗く砕いたブラックペッパーと濃縮バルサミコソース（P.120参照）、お好みでマスカルポーネチーズを添えて仕上げます。

※ロゼワインやロゼシャンパンで作るのもおすすめです。

夏のフルーツ　白桃とネクタリンとプルーンのテリーヌ

photo en page 99

材料

（ハーフテリーヌ型1本分）

白桃、ネクタリン、プルーン	計700g	バニラビーンズ	1/3本
白ワイン	150ml	板ゼラチン	10g
はちみつ	80g		

作り方

❶ 白桃、ネクタリン、プルーンを湯むきする。鍋に湯を沸かし、15秒位茹でる。皮が弾けたところで氷水を入れたボウルに取って、ペティナイフで皮をむく。すべて半割にして種を取ったら、ペーパータオルで表面の余分な水分をしっかり拭き取る。

❷ 板ゼラチンは、はさみでボウルに入る大ささに切り、氷水に漬けて戻しておく。

❸ バニラビーンズは縦半分に切り、中身をこそげ出す。

❹ 小鍋に白ワインと③を入れて火にかける。沸騰したら火を止め、②をよく絞って加え混ぜ、しっかりと溶かす。

❺ ④にはちみつを加えて混ぜ合わせる。鍋ごと氷水に当てて粗熱を取る。

❻ テリーヌ型の長辺の側面と底面が覆われるようにラップを敷き、型に⑤のゼリー液を少量注ぎ、次に白桃、ネクタリン、プルーンを隙間を作らないように詰めながら、ゼリー液と果実を交互に全量を入れる。

❼ テリーヌ型をバットに乗せ、ラップを巻いた板状の重しで表面を軽く押してなじませる。重しの上からラップを巻き、軽く押さえながら冷蔵庫で冷やし固める。

※バニラアイス（分量外）を添え、はちみつをかけるだけで涼しげな夏らしいデザートに。お好みでラズベリーのソースを添えて、ピーチ・メルバ風に仕上げるのもおすすめです。

秋のフルーツ
栗のテリーヌ

terrine aux marrons

l'automne

アーモンドプードルの生地に栗の実がたっぷり入った贅沢なマロンケーキです。仕上げにラム酒をしみ込ませた大人の味わいが特徴的。

冬のフルーツ
りんごのテリーヌ　タルトタタン風
terrine façon tatin

l'hiver

カラメルの苦みと甘み、そしてりんごの酸味が絶
妙に絡み合ったタルトタタンをテリーヌ型で焼
き上げました。

秋のフルーツ　栗のテリーヌ

photo en page 102

材料

（ハーフテリーヌ型1本分）

栗の渋皮煮·····200g	卵黄·····1個分
甘栗·····50g	薄力粉·····90g
バター（食塩不使用）·····120g	アーモンドプードル·····30g
グラニュー糖·····90g	ベーキングパウダー·····小さじ1/2
塩·····ひとつまみ	ラム酒·····大さじ4
卵·····2個	

作り方

❶ テリーヌ型の短辺の内側にバター（分量外）を塗り、型の長辺の側面と底面が覆われるようにオーブンペーパーを敷き込む。オーブンを160℃に予熱しておく。

❷ ボウルに常温に戻したバターとグラニュー糖、塩を入れ、ハンドミキサーで白っぽくなるまですり混ぜる。卵と卵黄を小さなボウルに入れて溶きほぐし、4～5回に分けて加えて、よく混ぜ合わせる。さらにラム酒大さじ1を加える。

❸ 薄力粉とアーモンドプードルとベーキングパウダーをふ

るい、②に加えて、さっくりと混ぜ合わせる。

❹ ③に栗の渋皮煮と甘栗を加えて混ぜ合わせ、①の型に入れて160℃のオーブンで約75分焼く。竹串を刺して、何も付いてこなければ焼き上がり。

❺ 焼き上がったら型から出し、上面と側面にハケでラム酒大さじ3を塗る。粗熱が取れたら、乾燥しないようにラップで巻く。

※低温で焼いて、しっとりと重めに仕上げます。熱いうちにたっぷりとラム酒を染み込ませるのがポイントです。

冬のフルーツ　りんごのテリーヌ　タルトタタン風

photo en page 103

材料
（ハーフテリーヌ型1本分）

りんご（紅玉）……………………5〜8個（正味700g）
グラニュー糖 ……………………………………… 70g
バター（食塩不使用）…………………………………15g
グラニュー糖（カラメル用）…………………………60g

パイ生地
　冷凍パイシート（市販品）………………………………1枚
　粉砂糖 ……………………………………………………適量

作り方

❶ オーブンを200℃に予熱しておく。

❷ りんごは皮をむいて縦半分に切り、スプーンで種と芯を
くり抜き、さらに半分に切る。

❸ バターはダイス状にカットする。

❹ 鍋にグラニュー糖70gと水小さじ2（分量外）を入
れて火にかける。ときどきゆすりながらグラニュー糖
を溶かす。茶色く色付いてきたら③を加えて溶かし、
②も加えて木ベラで混ぜ合わせて全体をなじませる。
そのまま中火にして15分ほど煮る。

❺ ④を煮ている間にカラメルを作る。鍋にグラニュー
糖60gと水大さじ1（分量外）を入れて中火にかける。
グラニュー糖が溶けてきたら鍋をゆすり、泡立て器
でかき混ぜながら茶色く色付くまで加熱する。濃い
茶色になり、ふわっと泡立ってきたら火を止め、すぐ
にテリーヌ型に流し入れる。熱いうちに、型の内側
全体にカラメルが付くように、型の向きを変えながら
流し付ける。

❻ カラメルが固まったら、型の内側全体にバター（分量
外）を塗る。

❼ ④のりんごをディナースプーン等を使って、形を崩さな
いように一切れずつテリーヌ型に詰める。型に触れる部
分にりんごの皮面がくっつくようにして、表面が平らにな
るよう隙間なく詰めるときれいに仕上がる。煮汁も流し
入れる。

❽ ⑦を200℃のオーブンで約25分焼く。焼き上がったら、
板状の重しをして表面を平らにし、粗熱を取ってから
型に入れたまま冷蔵庫に入れ、1晩休ませる。

❾ パイシートを5分ほど常温におき、麺棒で軽く伸ばす。
フォークで全体を刺し、テリーヌ型の上面のサイズに
合わせてカットする。テリーヌとは別焼きにするため、
オーブンを別途200℃に予熱しておく。

❿ ⑨をオーブンペーパーを敷いた天板に乗せ、粉砂
糖を茶こしに入れてふりかけて、200℃のオーブンで
30分ほど焼く。表面の粉砂糖が溶けて色付き、全体が
濃いきつね色になればOK。途中パイシートが膨らんで
きたら、ターナーやフライ返しで押さえて平らにする。

⓫ ⑩の粉砂糖が付いた面を⑧の型の上にかぶせ、その
上に小さなまな板等を乗せて密着させたままひっくり返
して型から外す。

※お好みで10%のグラニュー糖を加え、ゆるめに泡立て
た生クリームを添えていただく。

105

テリーヌ・オ・ショコラ
terrine au chocolat

チョコレートとバターをたっぷり使ったデザートテリーヌです。低温でゆっくりと湯煎焼きすることでしっとりとした質感に仕上がります。

テリーヌ・オ・ショコラ

材料
（ハーフテリーヌ型1本分）

ビターチョコレート……200g	はちみつ……大さじ1
バター（食塩不使用）……100g	ラム酒……大さじ1
グラニュー糖……60g	薄力粉……大さじ2
卵黄……4個分	ココア……大さじ2
卵白……2個分	

作り方

❶ ビターチョコレートは細かく切り、バターと合わせて湯煎で溶かす（ⓐ参照）。オーブンを120℃に予熱しておく。

❷ 薄力粉とココアを混ぜ合わせてから一緒にふるう。

❸ 卵白と半量のグラニュー糖を合わせ、7分立てにする（ⓑ参照）。卵黄に残りのグラニュー糖を合わせ、白っぽくなるまですり混ぜる。

❹ ①に③の卵黄とはちみつ、ラム酒を加え、泡立て器でよく混ぜ合わせ、②を加える。

❺ ④に③の卵白の1/3量を入れ、泡立て器でよく混ぜ合わせる。さらに残りの卵白を合わせ、ゴムベラを使ってなめらかに混ぜ合わせる。

❻ テリーヌ型の短辺の内側にバター（分量外）を塗り、型の長辺の側面と底面が覆われるようにオーブンペーパーを敷き込み、⑤を入れる。120℃のオーブンで90分湯煎焼きにする。型ごと自然に冷まし、粗熱が取れたら冷蔵庫でさらに冷やし固める。

※冷たいまま10％のグラニュー糖を加えて泡立てた生クリームを添えて。または常温に戻して、より濃厚な味わいを楽しむのもおすすめ。

ポイント

ⓐ ビターチョコレートとバターは一緒に湯煎する。

ⓑ 卵白の泡立ては軽く跡が付く程度、とろりとしたゆるめの状態で止める。あまり泡立てないことで、しっとりと詰まった生地に仕上がる。

ショコラとフランボワーズのムース
mousse au chocolat à la framboise

口の中でふわりと溶けるムースは、トッピングだけではなくタネにもラズベリーを忍ばせました。ムースだけでもおいしくいただけます。

ドライフルーツとナッツのおいしさが
凝縮し、食後のチーズやワインとも
相性抜群です。薄くスライスしてパ
ンとチーズで召し上がれ。

ドライいちじくとドライプルーンのテリーヌ

terrine de figues sèches et pruneaux

ショコラとフランボワーズのムース

photo en page 108

材料

（ハーフテリーヌ型1本分）

ビターチョコレート⋯⋯⋯⋯⋯⋯⋯⋯⋯⋯200g
バター（食塩不使用）⋯⋯⋯⋯⋯⋯⋯⋯⋯50g
卵⋯⋯⋯⋯⋯⋯⋯⋯⋯⋯⋯⋯⋯⋯⋯⋯⋯2個

生クリーム⋯⋯⋯⋯⋯⋯⋯⋯⋯⋯⋯⋯⋯100ml
冷凍ラズベリー（またはラズベリージャム）⋯⋯⋯⋯⋯30g
ラズベリー（トッピング用／フレッシュ）⋯⋯⋯⋯⋯約30粒

作り方

❶ ビターチョコレートは細かく刻み湯煎で溶かし、さらに常温に戻したバターを加えて混ぜる。

❷ ①に冷凍ラズベリーを凍ったまま泡立て器で砕きながら混ぜ合わせる。

❸ 卵は、卵黄と卵白に分ける。②に卵黄2個分を加えて混ぜる。

❹ 生クリームは7分立てにする。

❺ 卵白2個分はハンドミキサーでしっかりと角が立つまで泡立てる。

❻ ③に④を加えて泡立て器で混ぜ合わせる。

❼ ⑥に⑤の卵白の1/3量を入れ、泡がつぶれないようにさっくりと混ぜ合わせる。さらに残りの卵白を入れて、ゴムベラを使ってなめらかに混ぜ合わせる。

❽ テリーヌ型に⑦を流し入れ、表面を平らにならして冷蔵庫でよく冷やす。固まったら上にラズベリーを飾り、お好みで粉砂糖（分量外）を茶こしで振って仕上げる。

ドライいちじくとドライプルーンのテリーヌ

photo en page 109

材料
（約0.5Lのスリムパウンド型1本分）

ドライいちじく………………………………300g
ドライプルーン（種なし）……………………200g
くるみ………………………………………30g
ピスタチオ……………………………………30g

アーモンド（ロースト）………………………30g
バルサミコ酢…………………………………大さじ1
はちみつ………………………………………大さじ1

作り方

❶ ドライいちじくは軸の固い部分を切り、粗く刻む。ドライプルーンも粗く刻む。

❷ ①とバルサミコ酢、はちみつをフードプロセッサーにかける。全体がなめらかになじんだらボウルに取り出し、くるみ、ピスタチオ、アーモンドを加えてざっくりと混ぜ合わせる。

❸ パウンド型にオーブンペーパーを敷き込み、②を入れる。隙間がないようにゴムベラで押さえ付けて表面を平らにする。さらにラップを表面に密着させて巻き付け、冷蔵庫で1晩以上冷やす。

❹ 冷やし固まったら型から外し、ラップをして冷蔵庫で保存する。

※ラップで包み、棒状にしてサラミ風に仕上げても。濃厚な味わいなので、小さめの型で作るのがおすすめです。
※お好みの白カビチーズや青カビチーズと合わせていただきます。

paté de cremet d'anjou aux fruits rouges marinés au miel

クレメ・ダンジュ風パテとミックスベリーのはちみつマリネ

材料

（350mlの保存瓶1瓶分）

水切りプレーンヨーグルト…………100g
生クリーム……………………………100ml
卵白……………………………………1個分
はちみつ………………………………大さじ2
（ガーゼ　適量）
マリネ
　┌冷凍ミックスベリー………………適量
　└はちみつ……冷凍ミックスベリーの倍量

作り方

❶ まず水切りプレーンヨーグルトを作る。ペーパータオルを敷いたザルに市販のプレーンヨーグルト200gを入れ、ザルよりも一回り小さいボウルに乗せて、冷蔵庫の中で2時間から1晩、半量になるまで水切りをする。
❷ 生クリームにはちみつ大さじ1を加えて、8分立てにする。
❸ 卵白にはちみつ大さじ1を加えて、角が立つまでしっかりと泡立てる。
❹ ①と②を泡立て器でなめらかになるまで混ぜ合わせる。
❺ ④に③を半量ずつ、泡がつぶれないようにさっくりと混ぜ合わせながら加える。
❻ 保存瓶にガーゼを敷き、⑤を詰める。蓋をしてしばらく冷蔵庫で冷やす。
❼ 冷凍ミックスベリーに倍量のはちみつを合わせてマリネを作り、⑥にかけていただく。

朝食のテリーヌとパテ
pour petit déjeuner

簡単に作れて朝食にぴったりなパテ3品。軽い味わいのチーズやヨーグルト、フルーツ等を使っているので、食後のデザートにも楽しめます。

マスカルポーネと
あんずジャムのパテ
*pâté de Mascarpone
à la confiture d'abricots*

ヨーグルトムースとグラノーラの
テリーヌ
mousse au yaourt et granola

マスカルポーネとあんずジャムのパテ

材料
（200mlの保存瓶1瓶分）

マスカルポーネチーズ……………100g
あんずジャム……………………100g

作り方

❶ 保存瓶にマスカルポーネチーズとあんずジャムを同量ずつ交互に詰める。途中表面をならしながら、なるべく空気が入らないようにする。

※マスカルポーネチーズがフレッシュなうちにいただけるよう、2～3日分ずつ作りましょう。

ヨーグルトムースとグラノーラのテリーヌ

材料
（ハーフテリーヌ型1本分）

プレーンヨーグルト……………200g
生クリーム………………………200ml
はちみつ……………………………50g
板ゼラチン…………………………10g
グラノーラ…………………………70g

作り方

❶ 板ゼラチンは、はさみでボウルに入る大きさに切り、氷水に漬けて戻しておく。

❷ 小鍋にプレーンヨーグルトを半量入れて火にかける。沸騰したら火を止め、①をよく絞って加え混ぜ、しっかりと溶かす。

❸ ②にはちみつの半量と残りのヨーグルトを加えて混ぜ合わせる。鍋ごと氷水に当てて粗熱を取り、軽くとろみが付くまでさらに冷やす。

❹ ボウルに生クリームとはちみつの残りを入れ、8分立てに泡立てる。③を半量ずつ加えて合わせ混ぜ、テリーヌ型に入れ、冷蔵庫で冷やし固める。食べる直前にグラノーラを乗せて仕上げる。

113

生チョコとくるみのパテ

材料
（350mlの保存瓶1瓶分）

ビターチョコレート	100g
生クリーム	200ml
バター（食塩不使用）	30g
はちみつ	20g
ラム酒	小さじ1
くるみ（ロースト）	20g

作り方

❶ ビターチョコレートは細かく刻む。バターは常温に戻しておく。
❷ 小鍋で生クリームを温め、沸騰したらビターチョコレートを加えて溶かし混ぜる。
❸ ②にバターとはちみつ、ラム酒を加えて、全体がなめらかになるまでよく混ぜ合わせる。
❹ くるみは粗く刻み、半量を③に加えて保存瓶に入れ、残りは上に乗せ、冷蔵庫で冷やし固める。

パン・ペルデュ

材料
（ハーフテリーヌ型1本分）

バナナ	1本
グラニュー糖（バナナのキャラメリゼ用）	70g
パン（バゲット、食パン等お好みで）	100g
卵黄	2個分
卵	1個
生クリーム	200ml
牛乳	100ml
グラニュー糖	50g
バニラビーンズ	1/2本
バター（食塩不使用）	適量

おやつのテリーヌとパテ
pour goûter

ホワイトチョコ風味のレーズンバター
beurre au chocolat blanc et raisin sec

おやつに嬉しいテリーヌとパテ。ちょっとお腹が空いたときにもぴったりです。コーヒーや紅茶に合わせて午後のひとときにどうぞ。

作り方

❶ テリーヌ型の内側に常温に戻したバターを塗る。オーブンを160℃に予熱する。

❷ 鍋にグラニュー糖70gと水小さじ2（分量外）を入れて火にかけ、茶色く色付くまで鍋を揺すりながら煮溶かす。全体が茶色くなってきたら輪切りにしたバナナを加え、鍋を揺すりながら混ぜ合わせ、①の型の底に流し入れる。

❸ ②に4cm程度の大きさに切ったパンを乗せる。

❹ ボウルに卵黄と卵、グラニュー糖50gを入れて泡立て器でよく混ぜ合わせる。

❺ 鍋に生クリーム、牛乳、縦に切って中をこそげ出したバニラビーンズを入れ、火にかける。沸騰したら④を加えて、泡立て器ですぐに混ぜ合わせる。

❻ ⑤をこし器か目の細かい網でこし、③に流し入れる。パンが液体をしっかりと吸い込むまで、しばらくなじませる。

❼ 160℃のオーブンで、約60分湯煎焼きにする。

ホワイトチョコ風味のレーズンバター

材料
（200mlの保存瓶1瓶分）

ホワイトチョコレート	50g
レーズン	40g
生クリーム	50ml
バター（食塩不使用）	50g

作り方

❶ バターと生クリームは常温に戻しておく。

❷ レーズンは熱湯でさっと洗い、ザルに上げる（お好みでレーズンにラム酒小さじ1をふりかけると、より深い味わいになる）。

❸ ホワイトチョコレートは細かく刻み、湯煎で溶かす。

❹ ③に①を加えてよく混ぜ合わせる。なめらかに合わさったら水気をしっかり拭き取った②を加えて保存瓶に入れ、冷蔵庫で冷やし固める。

セルヴェル・ド・カニュ
cervelle de canut

はちみつロックフォールバター
beurre au roquefort et au miel

セルヴェル・ド・カニュ

材料

(200mlの保存瓶1瓶分)

プレーンヨーグルト……………450g	ハーブ（チャービル、ディル、シブレット等
エシャロット（みじん切り）… 大さじ2	お好みで・みじん切り）………大さじ2
（※玉ねぎでも代用可能）	塩………………………………小さじ1/2
ニンニク……………5g（1/2片）	ホワイトペッパー………………少々

作り方

❶ プレーンヨーグルトはペーパータオルを敷いたザルに入れる。ザルより1回り小さいボウルに乗せて、半量になるまで冷蔵庫で1晩水切りをする。
❷ ①にエシャロットとハーブとすりおろしたニンニクを混ぜ合わせ、塩、ホワイトペッパーで味を調える。

※ ニンニクは加熱するとマイルドな味わいに。1片ずつにばらしたニンニクを小鍋に入れ、ひたひたになるまでEXVオリーブオイルを注ぎ、弱火で約30分加熱します。容器にオイルごと入れ、冷蔵庫で保存すれば日持ちします。

食後酒に合うテリーヌとパテ
pour digestif

チーズとドライフルーツのテリーヌ
terrine de fromage et fruits secs

お酒のおつまみに、食後酒と楽しみたいチーズのテリーヌとパテ。どれも簡単に作れて、おもてなしの一品としてもおすすめです。

はちみつロックフォールバター

材料
（200mlの保存瓶1瓶分）

ロックフォールチーズ	100g
バター（食塩不使用）	100g
はちみつ	大さじ1
ポートワイン（ルビー）	大さじ1
くるみ（ロースト）	適量

作り方
❶ 常温に戻したバターとロックフォールチーズを泡立て器でよく混ぜ合わせる。あればポートワインも加える。
❷ ①にはちみつを加え、ゴムベラでさっくり混ぜ合わせて、粗く刻んだくるみを乗せる。

チーズとドライフルーツのテリーヌ

材料
（350mlの保存瓶1瓶分）

お好みの青カビチーズ	100g
お好みの白カビチーズ	100g
A　バター（食塩不使用）	50g
はちみつ	20g
お好みのドライフルーツ	40g
白ワイン	適量
くるみ（ロースト）	適量

作り方
❶ 保存容器にドライフルーツを入れ、白ワインをひたひたになるまで注ぎ、1晩以上なじませる。
❷ Aをよく練り合わせて、はちみつバターを作る。
❸ 保存瓶か小ぶりのテリーヌ型にスライスした青カビチーズ、②のはちみつバター、白カビチーズを順に重ねる。さらにはちみつバター、青カビチーズ、はちみつバター、白カビチーズと重ねる。最後に①とローストしたくるみをトッピングする。

テリーヌ作りのポイント

テリーヌ作りには、味付けの基本となる塩やさまざまな調理方法、加熱温度等、ひとつひとつに理由とコツがあります。ここでは知っているだけで、テリーヌ作りの腕前が格段にアップするポイントをいくつかご紹介します。

味の決め手となる塩の選び方と使い方

本書では、すべての料理に粗塩(海塩)を使用しています。精製されたものとは違い、塩角がなく丸みのある味わいに仕上がります。もしも精製された食塩を使用する場合は、記載されている分量よりも1〜2割程度減らして味を確認してみてください。レシピ通りの分量では、塩分が強く出過ぎてしまうのでご注意を。

シャルキュトリ作りでは、塩の存在はとても大事なものです。肉を塩漬けにすることで、おいしさと同時に保存性が高まるため、ヨーロッパではたくさんの食肉加工品が生まれました。

浸透圧によって余分な水分を排出し、細菌の繁殖を抑えるという作用のほかに、たんぱく質の変性作用で粘りを出すので仕上がりの食感がよくなります。野菜の下茹ででは、色止めの作用もあります。本書では、肉のテリーヌは肉1kgに対し13〜20gの塩を目安に、スパイスや素材とのバランスで調整しています。冷製でいただくものは塩分は強めに、温製でいただくものは塩分を控えめにします。お好みで塩の量は加減してください。

仕上げ用には、フランス・ゲランド産のフルール・ド・セル(塩の花)等のおいしい大粒の塩があると便利です。塩自体に旨味があるので、ひとつまみ添えるだけで素材の味を引き立てます。

網脂要らずの調理方法

テリーヌ作りで網脂と同じ目的で使われるのが、豚の背脂です。薄くスライスしたものを型に敷き込んでからテリーヌのタネを入れて同様に焼き上げます。安価で手に入りやすいのがメリットですが、家庭で薄くスライスするのは難しく、厚切りになると、味わいも重たくなります。本場フランスでも最近は、網脂も背脂も使わないあっさりめのテリーヌが好まれているようです。

網脂がない場合は、そのままタネを型に入れて焼き上げます。オーブンペーパーを敷くと、できあがったときに外しやすくなるのでおすすめです。網脂で包んだものと比べるとシンプルで家庭的な仕上がりになります。

テリーヌの中心部の温度について

できあがりのおいしさをなるべく長く保つためには、適切な温度まで加熱することが大切です。細菌性食中毒を防ぐには、75℃で1分間以上の加熱が必要だと言われています。

塊肉の場合は、表面をよく焼けばレアな状態でも大丈夫だとされていますが、ペースト状にした肉や魚介類の場合は、中心部まで温度を上げることが必要です。温度計で計る場合は、70〜72℃を目安にしています。オーブンから出した後も、余熱で温度が上がることを考慮して、75℃よりも少し手前でオーブンから取り出します。温度計がない場合は金串を5秒ほど刺して、唇に当てて熱くなっているか確認します。また、金串を刺した穴から出てきた肉汁が透き通っているかどうかも、焼き上がりの目安となります。加熱が足りないと、赤い色が混じった肉汁になるはずです。

ただしフォアグラについては、目安の温度が少し低くなります。温度が上がり過ぎると脂のほとんどが溶け出してしまい、仕上がりの食感が悪くなるので、レシピを参考に調整してみてください。

テリーヌをオーブンから出した後も温度には気を付けましょう。常温で放置すると、温度が上がり過ぎてしまいます。型ごと氷水を当てて、なるべく早く温度を下げることが大切です。一般的には10〜60℃の温度帯で、食中毒菌が増殖しやすいとされています。この温度を素早く通過させるように気を付けます。粗熱が取れたら、すぐに冷蔵庫で保存しましょう。

第6章
テリーヌとパテに合うソースとマリネ
SAUCE ET MARINADE

テリーヌとパテに合うソース

基本のソースがあれば、難しいソースは必要ありません。ディジョンマスタードと粒マスタードは、市販品の中からお好みの味のものを探してみましょう。

濃縮バルサミコソース
sauce balsamique

材料
バルサミコ酢……50ml
塩、ホワイトペッパー……適宜

作り方
① バルサミコ酢をとろみが付くまでじっくりと煮詰めるだけで、デザートのソースにぴったりに。
② ほんの少しの塩、ホワイトペッパーを加えれば料理のソースにもなる。

オランデーズソース
sauce hollandaise

材料
卵黄……2個分
生クリーム……50ml
塩……小さじ1/4
ホワイトペッパー……少々
レモン果汁……大さじ1
EXVオリーブオイル……25ml
サラダ油……25ml

作り方
① ボウルに卵黄、生クリーム、レモン果汁大さじ1、塩、ホワイトペッパーを加えてよく混ぜ合わせる。
② 鍋に湯を沸かし、①を湯煎しながら泡立て器でもったりとするまで泡立てる。湯は沸騰し過ぎないよう、火を弱めて調整する。マヨネーズ状になってきたら、湯煎から外してEXオリーブオイルを少量ずつたらしながら加え混ぜ、なめらかに仕上げる。味を見て足りなければ塩、ホワイトペッパーで調整する。
※レモンの皮を刻んで入れたり、レモンをゆずに替えたりしてもおいしく作れます。

ディジョンマスタード
moutarde de Dijon

フランスのブルゴーニュ地方のディジョンで作られる伝統的なマスタードは、ほどよい酸味とまろやかな風味で肉系のテリーヌ、リエットには欠かせません。

粒マスタード
moutarde en grains

本書ではディジョンマスタードを多く使っているが、お好みによって辛みがよりマイルドな粒マスタードを合わせても。

マヨネーズ

材料

卵黄⋯⋯⋯⋯⋯1個分　　ホワイトペッパー⋯⋯少々
酢(お好みのもの)⋯大さじ1　サラダ油⋯⋯⋯⋯180ml
塩⋯⋯⋯⋯⋯⋯小さじ1/2

作り方

① 卵黄は室温に戻す。ボウルに卵黄、酢、塩、ホワイトペッパーを入れて、泡立て器でよく混ぜ合わせる。
② ①に少量ずつサラダ油を加えながら(糸状にたらすようにするとよい)、泡立て器でよく混ぜ合わせる。乳化してもったりとしてきたらできあがり。ハンドブレンダーを使うとより簡単。
※酢はワインビネガーやリンゴ酢等、お好みのものを使って。

ラタトゥイユソース

材料

トマト(小)⋯⋯⋯⋯1個　　ニンニク⋯⋯⋯⋯1/2片
なす(小)⋯⋯⋯⋯⋯1本　　EXVオリーブオイル⋯⋯大さじ3
ズッキーニ⋯⋯⋯⋯1/2本　塩、ホワイトペッパー⋯⋯適量
玉ねぎ(小)⋯⋯⋯⋯1/2個　タイム(フレッシュ)⋯⋯1枝
赤・黄パプリカ⋯⋯各1/4個

作り方

① ニンニクは皮をむき包丁の腹でつぶす。野菜は8mm角程度の大きさに切り揃える。
② フライパンにEXVオリーブオイル大さじ2を入れ、ニンニクを香りが出るまで炒める。
③ ②になす、ズッキーニ、パプリカを1種類ずつ食感が残るように炒め、ザルに上げておく。
④ フライパンに残りのEXVオリーブオイル大さじ1と玉ねぎを入れ、玉ねぎがしんなりとしてくるまで炒める。
⑤ ④にトマトとタイムを加えて水分を飛ばすようにさっと炒めたら、③を加えて塩、ホワイトペッパーで調味して軽く炒め合わせる。
※トマトの酸味が気になる場合は、はちみつを少量加えるとマイルドな味わいに。
※「鶏のプレッセ」(P.18)以外にも「ジャガイモとベーコンのテリーヌ」(P.66)、「野菜オムレツのテリーヌ」(P.68)にもよく合います。

トマトクリームソース

材料

カットトマト缶詰⋯⋯1缶(400g)　バター(食塩不使用)⋯15g
玉ねぎ⋯⋯⋯⋯⋯160g　　塩⋯⋯⋯⋯⋯小さじ1
ニンニク⋯⋯⋯5g(1/2片)　グラニュー糖⋯⋯ひとつまみ
生クリーム⋯⋯⋯100ml　　ホワイトペッパー⋯⋯適量

作り方

① 鍋にバターを溶かし、みじん切りにした玉ねぎ、ニンニクを炒める。
② ①の玉ねぎがしんなりしてきたらカットトマトと生クリーム、塩、グラニュー糖、ホワイトペッパーを加えて弱火で煮詰める。とろみが付いてきたら火を止め、味を調える。ミキサーにかけてなめらかにする。

テリーヌに合う グリーンサラダ

テリーヌさえあれば、後はワインとパンだけでもテーブルは華やぎます。さらにサラダを添えるなら、香りの強いルッコラやハーブ類を組み合わせるとおいしく食べられます。ドレッシングの基本を覚えましょう。

基本のヴィネグレットソース(ドレッシング)

sauce vinaigrette

材料
酢……………………大さじ1
EXVオリーブオイル……大さじ1
サラダ油………………大さじ2
塩……………………小さじ1/4
ホワイトペッパー………少々
ディジョンマスタード…小さじ1/4
ニンニク………………1/2片

作り方
① ボウルの底にニンニクの断面をこすりつけて香りを付ける。
② 酢、塩、ホワイトペッパー、ディジョンマスタードを①のボウルに入れ、泡立て器でよく混ぜ合わせる。塩が酢に溶ければOK。
③ EXVオリーブオイルとサラダ油を合わせ、糸状にたらしながら②に入れ、泡立て器で混ぜ合わせて乳化させる。

プチトマトのはちみつマリネ
tomates cerises marinées au miel

白ネギのマリネ
Poireaux marinés

野菜のマリネ

野菜本来のおいしさをシンプルに引き出すマリネは、常備菜として重宝するものばかり。本書でご紹介するテリーヌとパテなら、どれに合わせても。おもてなしの一品としても喜ばれます。

プチトマトのはちみつマリネ

材料

プチトマト	200g
白ワインビネガー	小さじ2
はちみつ	小さじ2
EXV オリーブオイル	大さじ1
塩、ホワイトペッパー、ブラックペッパー	適量

作り方

❶プチトマトは湯むきする。
❷ボウルに①を入れ、白ワインビネガー、はちみつ、塩、ホワイトペッパーを加えて軽く混ぜ、最後にEXVオリーブオイルを合わせる。お好みで粗挽のブラックペッパーもふる。

※塩は、フルール・ド・セルを使うのがおすすめです。

白ネギのマリネ

材料

白ネギ	3本
白ワインビネガー	20ml
EXV オリーブオイル	60ml
ディジョンマスタード	小さじ1
塩	小さじ1/2
ホワイトペッパー	少々
チキンブイヨン(P.50参照)	適量

作り方

❶白ネギは5cm幅に切り、小鍋に入れ、ひたひたになる位にチキンブイヨンを注ぐ。塩、ホワイトペッパー(ともに分量外)を加えて、白ネギが柔らかくなるまで30分程度弱火でじっくり煮る。
❷白ワインビネガー、ディジョンマスタード、塩、ホワイトペッパーをよく混ぜ合わせる。
❸②にEXVオリーブオイルを糸状にたらしながら、泡立て器で乳化させるように合わせる。
❹①の水分を軽く切り、保存容器に並べて入れ、③を注ぎ入れる。冷蔵庫でよく冷やし、味をなじませる。

はちみつピクルス

材料

お好みの野菜	適量
A　酢	200ml
水	200ml
塩	小さじ2
ホワイトペッパー	10粒
ピンクペッパー	10粒
ローリエ	1枚
はちみつ	60g

作り方

❶野菜は好みの大きさに切る。鍋に2Lの水、大さじ3の塩を入れて沸かし、生食できる野菜はさっと湯通しし、加熱が必要な野菜は歯応えが残る程度に茹でる。

❷ピクルス液を作る。Aを鍋に入れて沸かし、弱火で約10分煮立てる。粗熱が取れたらはちみつを加えて混ぜ、冷ましておく。

❸①を煮沸消毒した瓶に詰め、②のピクルス液を注ぎ、冷蔵庫で半日以上味をなじませる。

※酢はワインビネガー、米酢、りんご酢等をお好みで。米酢やりんご酢を使うと柔らかい味わいに、ワインビネガーなら酸味が引き立ちます。

キャロット・ラペ

材料

にんじん(中)	2本
レモン果汁	大さじ1
EXV オリーブオイル	大さじ1
塩	小さじ1/2
ホワイトペッパー	少々
レーズン	大さじ2

作り方

❶にんじんは、皮をむき、スライサーでせん切りにする。

❷ボウルにレモン果汁と塩、ホワイトペッパーを入れてよく混ぜ合わせる。次にEXVオリーブオイルを合わせてから①とレーズンを加えて全体を合わせ、しばらく味をなじませる。

※すぐに食べられますが、3時間から1晩寝かせるとレーズンの甘みが溶けだして、よりフルーティーな味わいに。お好みでローストしたくるみやパセリを加えてもおいしくいただけます。

ミックスオリーブマリネ

材料

オリーブ(グリーン、ブラック等お好みで)	計250g
EXVオリーブオイル	大さじ2
白ワインビネガー	大さじ1
塩	小さじ1/2
ホワイトペッパー	少々
ニンニク	1/2片
ハーブ(タイム、パセリ、ローズマリー等お好みで)	適量

作り方

❶ ボウルに塩、ホワイトペッパー、白ワインビネガーを入れ、泡立て器でよくすり混ぜる。

❷ ①にEXVオリーブオイルを加えて合わせ、スライスしたニンニク、ハーブを刻んだものを加えてオリーブを合わせる。

※お好みでセミドライトマトを加えても。

コルニッション

小ぶりなきゅうりで作られたフランスのピクルスは、キリッとした酸味とカリカリした食感が特徴的。濃厚な味わいのテリーヌ・ド・カンパーニュやリエットによく合う。

ケッパーベリー

ケッパーベリーとは、ケッパーが花を咲かせた後にできた実のこと。スモークサーモンに添えるケッパーにはつぼみが使われる。酢漬けが瓶詰で市販されていて、コルニッションと同様にテリーヌやパテによく合う。

テリーヌとパテに合うパン

手間ひまかけて作ったテリーヌにはおいしいパンが欠かせません。迷ったときは、まずバゲットを選びましょう。プレーンなバゲットはどんなテリーヌやパテ、リエットに合わせても素材の風味を生かしてくれます。

力強い味わいのテリーヌ・ド・カンパーニュや、鴨のテリーヌ、豚肉、鴨のリエットにはパン・ド・カンパーニュもよく合います。ライ麦粉や全粒粉も使われる田舎パンは、香りも風味もしっかりしており、テリーヌやリエットの個性との相乗効果で、より深い味わいに。

繊細な魚介や野菜のテリーヌは、ソフトなフォカッチャやパン・ド・ミ（食パン）も合います。パン・ド・ミは耳を落としてスティック状に切ってからトーストして添えると、食べやすく上品です。

ごちそうテリーヌの代表格、フォアグラとドライフルーツのテリーヌに合わせたいのはブリオッシュです。卵とバターがたっぷり入った、とびきりリッチなパンはフォアグラのふくよかな味わいを引き立ててくれます。ブリオッシュも軽くトーストするのがおすすめです。

残ったテリーヌはサンドイッチに

少しずつ残ったテリーヌやパテ、リエットを使って作るサンドイッチもお楽しみのひとつです。

お好みのパンにバターをたっぷり塗って、テリーヌやリエットに合うマスタードやソースをかけるだけ。

はさみ込んで食べるもよし、スライスしたパンに乗せてタル

ティーヌにすれば、手軽な軽食になります。分厚く切ったテリーヌのサンドイッチは、手作りならではの贅沢で、楽しいもの。おもてなしで残った端っこを使ってもとびきりの味わいです。パンと合わせて、ぜひ最後までおいしく召し上がってください。

著者紹介
ナガタユイ

Food Coordinator
食品メーカーや食材専門店でのメニュー及び商品開発職を経て独立。
サンドイッチやパンのある食卓を中心としたメニュー開発コンサルティング、書籍や広告のフードコーディネートなど、幅広く食の提案に携わる。
日本ソムリエ協会認定ソムリエ、チーズプロフェッショナル協会認定チーズプロフェッショナル、国際中医薬膳師、ル・コルドン・ブルー グラン・ディプロム取得。著書に『サンドイッチの発想と組み立て』、『卵とパンの組み立て方』(共に誠文堂新光社)、『簡単!おいしい!サバ缶レシピ』(河出書房新社)がある。

参考文献
『フランス 食の事典』(白水社)、『新ラルース料理大事典』(同朋舎)、『パテとテリーヌ教本』(飛鳥出版)、『パテ テリーヌ全書』(三洋出版貿易)

STAFF
撮影　　　　　　　　　　　　高永三津子(creative unit Shake)
デザイン・テーブルコーディネート　小河原英子(creative unit Shake)
編集　　　　　　　　　　　　小嶌淳子(creative unit Shake)
フランス語校正　　　　　　　中込浩美
調理アシスタント　　　　　　清宮陽子、石村亜希、石松玲子
編集アシスタント　　　　　　原田隆史(creative unit Shake)

撮影協力　　クイジナート(コンエアージャパン合同会社)
　　　　　　〒107-0062　東京都港区南青山1-15-41
　　　　　　☎03-5413-8353

　　　　　　ストウブ(ツヴィリング J.A. ヘンケルス ジャパン株式会社)
　　　　　　〒501-3911　岐阜県関市肥田瀬4064
　　　　　　☎0120-75-7155(お客様相談室)

　　　　　　大山ハム株式会社
　　　　　　〒683-0851　鳥取県米子市夜見町3018
　　　　　　☎0859-24-7000(代表番号)

本書の内容に関するお問い合わせは、お手紙かメール(jitsuyou@kawade.co.jp)にて承ります。恐縮ですが、お電話でのお問い合わせはご遠慮くださいますようお願いいたします。

※本書は2014年12月小社刊行の『テリーヌ&パテ』の新装版です。

とっておきの本格レシピが
誰でも作れる
新装版 **テリーヌ&パテ**

2014年12月30日　初版発行
2019年11月20日　新装版初版印刷
2019年11月30日　新装版初版発行

著者　　ナガタユイ
発行者　小野寺優
発行所　株式会社河出書房新社
〒151-0051　東京都渋谷区千駄ヶ谷2-32-2
　　　　　　☎03-3404-1201(営業)
　　　　　　☎03-3404-8611(編集)
　　　　　　http://www.kawade.co.jp/

印刷・製本　三松堂株式会社

Printed in Japan
ISBN978-4-309-28772-0

落丁本・乱丁本はお取り替えいたします。
本書のコピー、スキャン、デジタル化等の無断複製は著作権法上での例外を除き禁じられています。
本書を代行業者等の第三者に依頼してスキャンやデジタル化することは、いかなる場合も著作権法違反となります。